JN236759

脇 雅世

毎日○ムリなく○手早く
おべんとう
―― 脇流カンタン法則 ――

講談社

もくじ

「いつもと同じ、ムリしない」がお約束
基本は主菜・副菜・つけ合わせ……4

脇流カンタン法則① カリッと焼き＋野菜のあえもの

おべんとう1 さばのごま焼きべんとう
さばのごま焼き／ほうれんそうののりあえ……6

主菜 カリッと焼き
えびのごま焼き……8
豚のコーンフレーク焼き
ささ身のアーモンド焼き／さわらの湯葉焼き……9

副菜 野菜のあえもの
キャベツの甘酢あえ……10
ほうれんそうのとろろこんぶあえ
青梗菜のふりかけあえ／小松菜のなめたけあえ
かいわれ大根ののりあえ／にらのナムルあえ……11
春菊のピーナッツバターあえ
ささ身のアーモンド焼き／アスパラのごまあえ
じゃがいもの青のりあえ……12
里芋ののりつくだ煮あえ
きぬさやのピリ辛あえ
さやいんげんの練りごまあえ
れんこんのゆかりあえ／ごぼうのマヨみそあえ
炒めなすのおかかあえ／オクラのわかめあえ……13

脇流カンタン法則② 味つけ焼き＋卵焼き

おべんとう2 鶏のみそ焼きべんとう
鶏のみそ焼き／ちりめん卵焼き……14

主菜 味つけ焼き
フライパンで
いわしのかば焼き／刺身のしそ焼き
オーブントースターで
ささ身の梅焼き／厚揚げのみそ焼き……16

副菜 卵焼き
桜えび／ひじき／炒めきのこ……17
紅しょうが／ねぎおかか／わかめ／ツナ
高菜／ちりめんじゃこ／プレーン

おべんとうノート❶ ムリなく ムダなく……18
ふわふわ鶏だんごべんとう
ふわふわ鶏だんご／ひと口ロールキャベツ
なすのねぎみそ炒め……20

脇流カンタン法則③ 肉巻きおかず＋野菜の素揚げ・小さな炒めもの

おべんとう3 なすの肉巻き天べんとう
なすの肉巻き天／さつまいもの素揚げ……22

主菜 肉巻きおかず
キャベ巻き肉……24
肉巻きエッグ／きんぴらの豚肉巻き
かじきの生ハム巻き……25

副菜 野菜の素揚げ
さつまいも／里芋／にんじん
かぼちゃ／じゃがいも／れんこん……26

副菜 小さな炒めもの
いり煮こんにゃく／生しいたけソテー
レタスと桜えびの炒めもの……27

脇流カンタン法則④ 炒めもの＋野菜のおかず

おべんとう4 牛肉ストロガノフ風べんとう
牛肉ストロガノフ風／コールスロー……28

主菜 炒めもの
豚肉とりんごの炒めもの……30
豚肉のバルサミコ炒め
豚肉のピクルスソース
鶏肉のごまドレッシング炒め……31
牛肉とじゃがいものオイスターソース炒め

つけ合わせ 甘い味のおかず
にんじんグラッセ……32
さつまいもメイプル煮／かぼちゃのいとこあえ
さつまいもメイプル煮／プラムベーコン

おべんとうノート❷ それぞれの好み……33

つけ合わせ 常備菜
きんぴらごぼう……34
ひじき煮……35
切り干し大根……36
五目豆……37

おべんとうノート③ 「手間なし」秘伝 …… 38
まとめてやること／うちの冷凍庫には
道具を活用／時間節約アイディア

おべんとうノート④ 便利な保存食 …… 40
紅しょうが／みそ／カリカリ小梅
ピーナッツみそ／梅干し／きゅうりのピクルス

ひと皿メニューも人気！

オムライスべんとう …… 42
おべんとう 5

焼きそばべんとう …… 44
おべんとう 6

焼きうどんべんとう …… 45
おべんとう 7

いもご飯べんとう …… 46
おべんとう 8
いもご飯／筑前煮

ちまきべんとう …… 47
おべんとう 9
ちまき／春雨中華サラダ

オムレツサンドべんとう …… 48
おべんとう 10

おべんとうノート⑤ そぼろぽろぽろ …… 49
野菜みそそぼろべんとう
野菜みそそぼろ／かぼちゃの茶巾
えびのごま焼き

活躍！オーブントースター

豚肉のピザ焼きべんとう …… 50
おべんとう 11
豚肉のピザ焼き／青梗菜と鮭のレンジ蒸し
豆のマヨネーズごまサラダ

**プチトマトとブロッコリーの
マヨネーズグラタンべんとう** …… 52
おべんとう 12
プチトマトとブロッコリーのマヨネーズグラタン
揚げないコロッケ／えびのオーロラソース

**ささ身とアスパラの
串焼きべんとう** …… 54
おべんとう 13
ささ身とアスパラの串焼き
うずらとカリフラワーのカレー味
じゃがいもの甘辛煮

わが家自慢のトースターおかず …… 56
えびとしめじのオリーブ油焼き
かじきタンドリー／魚のゆず焼き

おべんとうノート⑥ いたまないための工夫 …… 57

枝豆ご飯べんとう
枝豆ご飯／玉ねぎ入り牛しぐれ煮
たらこにんじん／プレーン卵焼き

おむすび大好き

人気のおむすび …… 58
鮭／牛つくだ煮
たらこ／梅おかか／ツナそぼろ
チーズおむすび／肉巻きおむすび

おべんとうノート⑦ 思い出のおむすび …… 60
紅しょうがおむすび／とんカツおむすび
白おむすび／ぺったんご飯

さくいん …… 62

この本の使い方
・材料は特にことわりのない場合、1人分の分量を表示しています。まとめ作りをする保存食、常備菜などについては、作りやすい分量で示しています。
・計量スプーンの大さじ1は15ml、小さじ1は5ml、カップ1は200mlです。米カップは180ml（1合）です。
・本書で使用している電子レンジは500Wのものです。600Wのものを使用する場合は、加熱時間を若干少なめ（8割程度）に設定してください。電子レンジで加熱する時は耐熱容器を使用してください。

「いつもと同じ、ムリしない」がお約束

基本は主菜・副菜・つけ合わせ

　私がおべんとう作りで心がけていることは、まず「ムリしない」こと。ダイエットと同じで、毎日続けることが大切です。がんばりすぎては、途中で息切れしてしまいます。

　おべんとうはあくまでも3食のうちの1食。ですから、わが家の基本的なおべんとうのスタイルは、毎日の食事のスタイルと同じく、いたってシンプルです。ご飯と汁もの、メインのおかずとつけ合わせ、というのが普段のメニューの基本。この汁ものが副菜になっておべんとうに入るだけ。

　汁けを出さないように、いたまないように、というおべんとうならではの基本は押さえますが、あとは、特別なことを避け、「家で食べても好きな味」を心がけています。

バランスのよい組み合わせ例

主菜となるたんぱく質（肉、魚、卵、豆）のおかずを決め、野菜、海藻類などをバランスよく入れること、味のバリエーション、彩りのよさを心がけて副菜、つけ合わせを決めます。

主菜 豚のコーンフレーク焼き（P9）
＋
副菜 レタスと桜えびの炒めもの（P27）
＋
つけ合わせ さつまいものメイプル煮（P32）

主菜 鶏肉のごまドレッシング炒め（P31）
＋
副菜 厚揚げのみそ焼き（P17）
＋
つけ合わせ れんこんのゆかりあえ（P13）

主菜 いわしのかば焼き（P16）
＋
副菜 キャベツの甘酢あえ（P11）
＋
つけ合わせ 五目豆（P37）

主菜 ささ身の梅焼き（P17）
＋
副菜 炒めきのこの卵焼き（P19）
＋
つけ合わせ さやいんげんの練りごまあえ（P12）

主菜 かじきの生ハム巻き（P25）
＋
副菜 オクラのわかめあえ（P13）
＋
つけ合わせ かぼちゃのいとこあえ（P32）

主菜

肉や魚のたんぱく質のおかずをまず決めます。夕食用の材料を少し多めに買っておいて、1〜2切れを夕食の時に下味をつけて冷蔵庫に入れておき、朝は焼くだけ、としておくこともあります。ご飯に合うメリハリのある味を心がけます。

副菜

主菜とのバランス、そして冷蔵庫にある野菜を見て決めます。主菜がたんぱく質だけなら野菜がたくさんとれるあえもの、主菜に野菜が入っていれば卵焼きなど、という具合です。主菜と調理法が同じなら、同時に作ります。

つけ合わせ

基本的には副菜と考え方は同じ。常備菜や、夕食のおかずを小分けにして冷凍しておいたもの（P38）を使うこともあります。甘い味のかぼちゃやさつまいも、豆などを煮たおかずもここに入ります。

ご飯

それぞれの食欲に合わせて量を加減し、必ずしっかりさましてから詰めます。

市販品

漬けもの、切りこんぶ、煮豆など、市販品を1品くらい添えることも。

おべんとう1

主菜 **副菜**
カリッと焼き ＋ 野菜のあえもの

香ばしいころもをつけてオーブントースターで焼いた肉や魚のおかずは、汁けが出ず、さめておいしいのでおべんとう向きです。野菜がたくさんとれるあえものをプラスしてバランスよく。どちらも素材を変えてアレンジしやすいので、わが家の定番の組み合わせになっています。

プチプチした粒ごまの香り
さばのごま焼き

材料
さば…………1切れ（90g）
しょうゆ…………小さじ1
しょうが汁…………小さじ½
白ごま…………適量

1 さばはひと口大のそぎ切りにし、しょうゆとしょうが汁をからめておく。
2 1の片面の切り口にごまをはりつけ、薄くサラダ油を塗った（またはフッ素樹脂コートの）アルミホイルにのせ、オーブントースターで7〜8分焼く。

のりがほうれんそうの水分を吸ってくれます
ほうれんそうの のりあえ

材料
ほうれんそう…………3〜4株
のり…………¼枚
しょうゆ…………少々

1 ほうれんそうは塩少々（材料表外）を入れた湯でゆでて水にとり、根を切って3cm長さに切りそろえ、よく水けをしぼる。
2 ほうれんそうにしょうゆをかけて混ぜ、ちぎったのりを加える。

さばのごま焼きべんとう

- さばのごま焼き
- ほうれんそうののりあえ
- 五目豆（作り方はP37）

主菜 # カリッと焼き

肉や魚介類に下味ところもをからめてオーブントースターで焼いて、カリッと揚げもの風に。
素材と下味、ころもの組み合わせには決まりなし。自由にアレンジをきかせてください。
オーブントースターで、しめじやピーマンなどの野菜を同時に焼いて副菜にしても。

プリプリのえびにマヨネーズ味が合う
えびのごま焼き

材料
- えび……………3尾
- マヨネーズ…………小さじ1
- しょうゆ…………小さじ½
- いり白ごま…………適量

1 下味をつける
背わたを取り、殻をむいたえびに、マヨネーズとしょうゆを合わせたものをまぶす。

2 ごまをつける
バットにいり白ごまを広げ、1をのせてごまをはりつける。

3 オーブントースターで焼く
2をフッ素樹脂コートのアルミホイル※にのせ、オーブントースターで6〜7分焼く。

※ない場合はアルミホイルに薄くサラダ油を塗る。

香りよくこんがりと焼き上げて
豚のコーンフレーク焼き

材料
豚ヒレ肉…………70g
ウスターソース…………小さじ1
オイスターソース…………小さじ1/2
コーンフレーク…………適量

1 豚ヒレ肉は1cm厚さに切りそろえ、ウスターソースとオイスターソースを合わせたものをからめておく。
2 軽く砕いたコーンフレークを**1**のまわりにはりつける。
3 **2**をフッ素樹脂コートのアルミホイル※にのせ、オーブントースターで10分ほど焼く。

おしゃれでヘルシーな一品
ささ身のアーモンド焼き

材料
ささ身…………50g
酒…………小さじ1
塩…………少々
こしょう…………少々
スライスアーモンド…………適量

1 ささ身は長さを3等分し、塩、こしょう、酒をふっておく。
2 スライスアーモンドを**1**のまわりにはりつける。
3 フッ素樹脂コートのアルミホイル※にのせ、オーブントースターで7~8分焼く。

カリッとした歯ざわりが新鮮
さわらの湯葉焼き

材料
さわら…………1切れ
酒…………小さじ1
マヨネーズ…………小さじ2
湯葉…………適量

1 さわらは1切れを2つに切り、酒とマヨネーズを合わせたものをからめておく。
2 **1**のまわりに、崩した干し湯葉をはりつける。
3 フッ素樹脂コートのアルミホイル※にのせ、オーブントースターで7~8分焼く。

※ない場合はアルミホイルに薄くサラダ油を塗る。

副菜 野菜のあえもの

主菜とのバランスを考えて野菜のおかずは必ず入れます。火を通した野菜に味をまとわせたあえものは、組み合わせしだいでいくらでもバリエーションがきき、飽きません。ここではあえものに向く野菜と、それぞれに合うあえごろもをご紹介します。

野菜のあえもののポイント
- 30〜50gくらいが目安
- 葉野菜などはゆでて冷水にとってから、よく水けをしぼる
- 素材によっては前日の夜にゆでておくか、まとめてゆでて冷凍しておくと便利

※のり、おかか、ごまはしょうゆ適量を加える。

葉野菜・茎野菜

かいわれ大根
おすすめあえごろも
- のり
- とろろこんぶ
- わかめ
- なめたけ

キャベツ
おすすめあえごろも
- とろろこんぶ
- おかか
- ピリ辛（コチュジャン／砂糖／しょうゆ）
- 甘酢（米酢／砂糖／塩）

にら
おすすめあえごろも
- のり
- おかか
- ごま
- ナムル（ごま油／塩）

ほうれんそう
おすすめあえごろも
- とろろこんぶ
- のり
- おかか
- ごま

春菊
おすすめあえごろも
- ピリ辛（コチュジャン／砂糖／しょうゆ）
- 練りごま
- マヨみそ
- ピーナッツバター

青梗菜（チンゲンツァイ）
おすすめあえごろも
- ふりかけ
- なめたけ
- 練りごま
- ナムル（ごま油／塩）

グリーンアスパラガス
おすすめあえごろも
- ピリ辛（コチュジャン／砂糖／しょうゆ）
- おかか
- ごま
- マヨみそ

小松菜
おすすめあえごろも
- とろろこんぶ
- ふりかけ
- なめたけ
- ナムル（ごま油／塩）

かいわれ大根ののりあえ

かいわれ大根50g（小1パック）を鍋でサッとゆで、食べやすく切る（ゆで方はP39参照）。好みでしょうゆ適量であえ、のり1/4枚を手でちぎったものをまぶす。

キャベツの甘酢あえ

キャベツ50g（葉1/2枚分）を電子レンジに40秒かけるか鍋でサッとゆで、食べやすく切る。米酢小さじ1 1/2に塩小さじ1/3、砂糖小さじ1を加えた甘酢であえる。

にらのナムルあえ

にら50g（1/2わ分）を電子レンジに40秒かけるか鍋でサッとゆで、食べやすく切る。ごま油小さじ2に塩ひとつまみを加え、あえる。

ほうれんそうのとろろこんぶあえ

ほうれんそう50g（2株分）を電子レンジに40秒かけるか鍋でサッとゆで、食べやすく切る（1わ分まとめてゆでておくと便利。その場合、電子レンジの加熱時間は1分30秒）。とろろこんぶ適量であえる。

春菊のピーナッツバターあえ

春菊50g（2株分）を電子レンジに40秒かけるか鍋でサッとゆで、食べやすく切る。市販のピーナッツバター小さじ2、しょうゆ、砂糖各少々であえる。

青梗菜のふりかけあえ

青梗菜50g（1/2株分）を電子レンジに40秒かけるか鍋でサッとゆで、食べやすく切る。好みのふりかけ適量であえる。

アスパラのごまあえ

グリーンアスパラガス50g（2本分）を電子レンジに50秒かけるか鍋でサッとゆで、食べやすく切る。しょうゆ、すり白ごま各適量であえる。

小松菜のなめたけあえ

小松菜50g（1株分）を電子レンジに40秒かけるか鍋でサッとゆで、食べやすく切る（1わ分まとめてゆでておくと便利。その場合、電子レンジの加熱時間は2分）。びん詰の味つきなめたけ大さじ1であえる。

いも

じゃがいも

じゃがいもの青のりあえ

じゃがいも50g（1/3個分）を食べやすい大きさに切って、電子レンジに1分かけるか鍋でサッとゆでる。青のり、塩適量であえる。

おすすめあえごろも

- ゆかり
- 青のり
- マヨみそ
- のりのつくだ煮

里芋

里芋ののりのつくだ煮あえ

里芋50g（小1個分）を食べやすい大きさに切って、電子レンジに1分かけるか鍋でサッとゆでる。市販ののりのつくだ煮適量であえる。

おすすめあえごろも

- ふりかけ
- 青のり
- マヨみそ
- のりのつくだ煮

さや豆

きぬさや

きぬさやのピリ辛あえ

きぬさや50g（10〜12枚分）を電子レンジに40秒かけるか鍋でサッとゆで、食べやすく切る。コチュジャン小さじ1/3に砂糖、しょうゆ各少々を加えたものであえる。

おすすめあえごろも

- おかか
- ごま
- マヨみそ
- ピリ辛（コチュジャン、砂糖、しょうゆ）

さやいんげん

さやいんげんの練りごまあえ

さやいんげん50g（7〜8本分）を電子レンジに1分かけるか鍋でサッとゆで、食べやすく切る。練りごま小さじ1、砂糖小さじ1/2、しょうゆ少々であえる。

おすすめあえごろも

- ごま
- 練りごま
- マヨみそ
- ピーナッツバター

根菜

れんこん
おすすめあえごろも

ゆかり　マヨみそ　のりのつくだ煮　甘酢（煮びたし）　米酢　砂糖　塩

れんこんのゆかりあえ
れんこん50g（小1/3節分）を食べやすく切って、電子レンジに50秒かけるか鍋でサッとゆでる。ゆかり適量であえる。

ごぼう
おすすめあえごろも

ごま　マヨみそ　ピーナッツバター　甘酢（煮びたし）　米酢　砂糖　塩

ごぼうのマヨみそあえ
ごぼう50g（1/2本分）を長さ4cmの細切りにし、電子レンジに1分かけるか鍋でサッとゆでる。みそとマヨネーズを同量ずつ混ぜたものであえる。

実野菜

なす
おすすめあえごろも

おかか　ごま　マヨみそ　ナムル　ごま油　塩

炒めなすのおかかあえ
なす50g（小1個分）を5mm厚さに切り、サラダ油で炒める。かつお節適量としょうゆ少々であえる。

オクラ
おすすめあえごろも

わかめ　おかか　なめたけ　ごま

オクラのわかめあえ
オクラ50g（4本分）を電子レンジに1分かけるか鍋でサッとゆで、小口切りにする。乾物のカットわかめをそのまま少量加え、しょうゆ少々であえる。

おべんとう2

主菜 **副菜**
味つけ焼き＋卵焼き

おべんとうのおかずの味つけは、食べる時においしく感じられる「メリハリのある味」を心がけています。白いご飯をおいしくする、みそ味やしょうゆ味が自然に多くなります。前日の夜に下味をつけておいて、朝は手早く作れるのもいいところです。

豚ロース肉もおすすめ
鶏のみそ焼き

材料
鶏もも肉………70g
みそ………大さじ1
砂糖………小さじ1/3
酒………小さじ1

1 鶏肉は余分な脂を取り除き、みそ、砂糖、酒を合わせたものを両面に塗ってラップに包みひと晩おく。
2 フッ素樹脂コートのアルミホイル※にのせ、オーブントースターで8～9分焼く。

※ない場合はアルミホイルに薄くサラダ油を塗る。

具の塩味だけでシンプルに
ちりめん卵焼き

材料
卵………1個
ちりめんじゃこ………大さじ1 1/2
サラダ油………少々

1 ボウルに卵を割りほぐし、ちりめんじゃこを加えてよく混ぜる。
2 フライパンにサラダ油をひいて熱した中に、**1**の卵を流し入れ、半熟になるまではしで大きく混ぜながら焼く。
3 フライパンの片側に卵を寄せて、じっくりと中まで火が通るよう、両面を焼く。

鶏のみそ焼きべんとう

- 鶏のみそ焼き
- ちりめん卵焼き
- 切り干し大根（作り方はP36）

主菜 味つけ焼き

濃いめの味のたれをつけて焼いたおかずは、やはりおべんとうの定番。
しっかりご飯が食べられる味は、子どもたちにも人気です。
フライパンやオーブントースターでサッと火が通るので、固くなったり、こげたりには注意を。

フライパンで

さんまなど脂ののった魚が合います
いわしのかば焼き

材料
- いわし……1尾
- しょうが汁……少々
- しょうゆ……小さじ1/2
- 片栗粉……適量
- サラダ油……小さじ1/2
- A
  - 砂糖……小さじ1
  - しょうゆ……小さじ1

1 下味をつける

いわしは手で頭と内臓を取り、中骨も取り除いてから
包丁で身に残った骨をそぎ取って、
2枚をそれぞれ半分に切る。
しょうが汁としょうゆをかけてしばらくおき、
両面に片栗粉をまぶす。

2 表面を焼いてから味をつけて煮からめる

サラダ油をひいて熱したフライパンで、
いわしの両面をきつね色に焼く。
Aを加え、砂糖が溶けたところで
水大さじ2を加える。
中まで火を通し、最後に煮汁を煮からめる。

残ったお刺身もリメイク
刺身のしそ焼き

材料
- 刺身(かんぱち、ほたてなど)……3切れ
- 青じそ……3枚
- しょうゆ……小さじ2/3
- サラダ油……少々

1 刺身にしょうゆをまぶしておく。
2 青じそで刺身をはさみ、
サラダ油をひいて熱したフライパンで
返しながら焼き、中まで火を通す。

オーブントースターで

とろけるチーズを
プラスしてもおいしい
ささ身の梅焼き

材料
ささ身…………1本
梅干し…………1/2個

1 ささ身に梅をはさむ

ささ身はすじを取り、たて中央に切り込みを入れる。
梅干しの種を取ってたたき、ささ身の切り込みにはさむ。

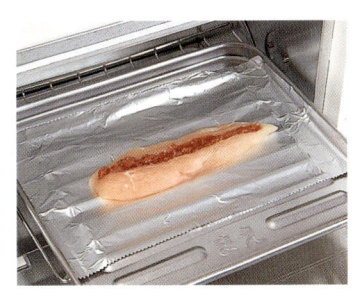

2 オーブントースターで焼く

フッ素樹脂コートのアルミホイル※にのせて
オーブントースターで6〜7分焼き、
ひと口大に切り分ける。

トースターできれいに焼き目がつく
厚揚げのみそ焼き

材料
厚揚げ…………1/5枚
みそ…………小さじ1
マヨネーズ…………小さじ1
水(または牛乳)……小さじ1

1 厚揚げは1cm厚さ2枚に切り分ける。
さらにそれぞれの厚み半分のところに、
切り離さないように切り込みを入れる。
2 みそ、マヨネーズ、水を加えて混ぜ合わせ、
厚揚げの上と切り込みの内側とに塗る。
3 フッ素樹脂コートのアルミホイル※にのせ、
オーブントースターで5〜6分きつね色に焼く。

※ない場合はアルミホイルに薄くサラダ油を塗る。

副菜 # 卵焼き

彩りがきれいな、おべんとうのおかずの人気者。卵1個できれいに、おいしく作る方法をお教えしましょう。卵焼き器もフライ返しもいりません。小さなフライパンと、はし、ラップだけで充分。主菜に合わせて、さまざまな具入りもお試しください。

卵1個で作る卵焼き

10種の材料

- **桜えび**………… 卵1個＋桜えび 小さじ2、塩 少々
- **ひじき**………… 卵1個＋もどしたひじき 大さじ1½、塩 少々
- **炒めきのこ**…… 卵1個＋あらみじん切りにして油少々で炒めたきのこ（しいたけ、しめじ、マッシュルームなど）大さじ1½、塩 少々
- **紅しょうが**…… 卵1個＋刻んだ紅しょうが 大さじ1
- **ねぎおかか**…… 卵1個＋ねぎのみじん切り 大さじ1、おかか 小さじ1、塩 少々
- **わかめ**………… 卵1個＋もどして刻んだわかめ 大さじ1½、塩 少々
- **ツナ**…………… 卵1個＋油をきったツナ 大さじ2、塩 少々
- **高菜**…………… 卵1個＋刻んで水けをしぼった高菜 大さじ1½
- **ちりめんじゃこ**… 卵1個＋ちりめんじゃこ 大さじ1
- **プレーン**……… 卵1個＋砂糖 大さじ1（こげやすいので火かげんに注意）

具を入れる時は
卵1個の時は火の通りが早いので、調味料、具ともに焼く前に卵液の中に混ぜ込んでおくと作りやすい。

1 フライパンに流し入れ、はしで混ぜる

ボウルに卵を割りほぐし、味をつける。サラダ油を薄くひいて温めたフライパンに卵液を流し入れ、半熟の状態になるまで、はしで大きく混ぜる。

2 端に寄せてまとめる

卵が固まりきらないうちに、フライパンの片側に寄せてまとめ、はしで上下を返しながら中までしっかり焼く。

3 ラップで包んで形をととのえる

ラップを広げておき、フライパンから卵を移す。端からきっちりと巻いて、両端をひねって形を作る。あら熱が取れるまでしばらくおいて、形をととのえる。

桜えび

ひじき

炒めきのこ

わかめ

紅しょうが

ツナ

高菜

ねぎおかか

ちりめんじゃこ

プレーン

おべんとうノート ①
ムリなく ムダなく

start

ご飯は先にさましておく。

10分

20分

30分

ふわふわ鶏だんごべんとう

ポリ袋を使えば揚げものもカンタン。電子レンジを使ったり、トマトジュースを利用したりと、道具や市販品の力をフル活用すれば、おべんとう作りがめんどうになりません。

チャチャッとできなきゃ毎日続けられません

前日の夜に、子どもたちそれぞれが出かける時間と、おべんとうが必要かどうかを書き出しておきます。これだけでずいぶん気がラクに。

私がおべんとう作りの中で決めているルールのうちのひとつに「起きてから30分以内に作って包んで出す」というものがあります。時間の問題というよりも、それ以上おべんとう作りに縛られると、続けられなくなってしまうと思ったからです。

おべんとう作りを始めた頃は、私も毎日自分の作ったおべんとうの写真を撮って、レシピを記録したこともありましたが、3人の子どもがいる私にとっては、考えてみればそれは10年も続く作業。続くわけはないと思い、やめてしまいました。

そのかわり、限られた時間の中で、どれだけのことができるか、という挑戦はいつもしています。ムリのない範囲で、できるだけのことはしてあげたいのです。子どもたちのリクエストを総合すると、「前の晩のおかずをそのまま詰めない」「おかずが全部市販品や冷凍食品、ということは避ける」ということにそれぐらいは守られているかな。さすがに難しく考えず、パズルだと思って、力を抜いて楽しめたらいいですよね。

なすのねぎみそ炒め

材料
- なす………1個
- 長ねぎ………1/3本
- みそ………小さじ1
- 砂糖………小さじ1/2
- ごま油………大さじ1
- 水………カップ1/4

下ごしらえ
- なす…1cmの角切り
- 長ねぎ…5mm幅の小口切り

小さなフライパンで炒める

小さなフライパンにごま油を熱し、なすを炒める。しんなりしたら、ねぎ、みそ、砂糖、水を加え中火で煮立てながら煮からめる。

ひと口ロールキャベツ

材料
- キャベツ………1枚
- にんじん………1cm厚さの輪切り1枚
- さやいんげん………1本
- ウインナ………1本
- トマトジュース缶………1缶(160ml)
- 固形スープの素………1/2個
- 塩………少々
- こしょう………少々

下ごしらえ
- さやいんげん…ゆでて切っておく
- にんじん…1cm角に切る
- ウインナ…長さを3等分に切る

1 キャベツを電子レンジでゆでる

キャベツはポリ袋に入れて電子レンジに1分かけ、冷水に袋ごと入れてさます。

2 キャベツでウインナを巻く

キャベツの芯を取って3等分し、切っておいたウインナを丸く包む。

3 トマトジュースで煮る

鍋に2とトマトジュース、固形スープの素、にんじん、塩、こしょうを入れて強火にかけ、煮立ったら中火に落とし、キャベツが柔らかくなるまで10分ほど煮る。火をとめていんげんを入れる。冷凍のミックスベジタブルを使っても。

ふわふわ鶏だんご

材料（約10個分）
- 鶏ひき肉………175g
- 豆腐………1/4丁
- 塩………小さじ1/4強
- こしょう………少々
- 片栗粉………大さじ1/2
- 揚げ油………カップ1/2

1 油を温めながらポリ袋の中で肉だねを作る

口径16cmくらいの小さい鍋に油を注ぎ、中火にかけて温める。油の量は鍋底から2cmくらい、だんごを入れて頭が少し出るくらいに。少なく見えてもだんごを入れれば体積でかぶるくらいになる。油を温めながら、ポリ袋に鶏ひき肉と豆腐、塩、こしょう、片栗粉を入れ、手でもんでよく混ぜる。

2 たねを丸めて揚げる

袋の角を切って手の中に押し出して丸め、170℃くらいに熱した油にそっと落とし、きつね色に揚げる。

おべんとう 3

主菜 肉巻きおかず ＋ 副菜 野菜の素揚げ
小さな炒めもの

薄切り肉で別の素材を巻いたおかずは、焼いても揚げても形が決まります。
いくつかの食材がいっしょにとれ、きれいな切り口はおべんとうをにぎやかにしてくれます。
揚げものの時は、野菜も揚げて、副菜も同時に作ってしまいましょう。

油と相性のよいなすを天ぷらに
なすの肉巻き天

材料
なす…………1/2個
豚ばら薄切り肉…………1〜2枚
A ┌ 天ぷら粉…………大さじ2
　├ 塩…………小さじ1/4
　├ 水…………大さじ2
　└ こしょう…………少々
揚げ油…………適量
しょうゆ…………少々

1 なすはへたを取り、たて半分に切る。
2 1のなすのまわりに肉を巻きつける。
巻き終わりは端にはさんで崩れないようにする。
3 Aをボウルに入れて混ぜ、ころもを作る。
2をくぐらせてから、170℃の油でカラリと揚げる。
4 好みでしょうゆをつけるか添える。

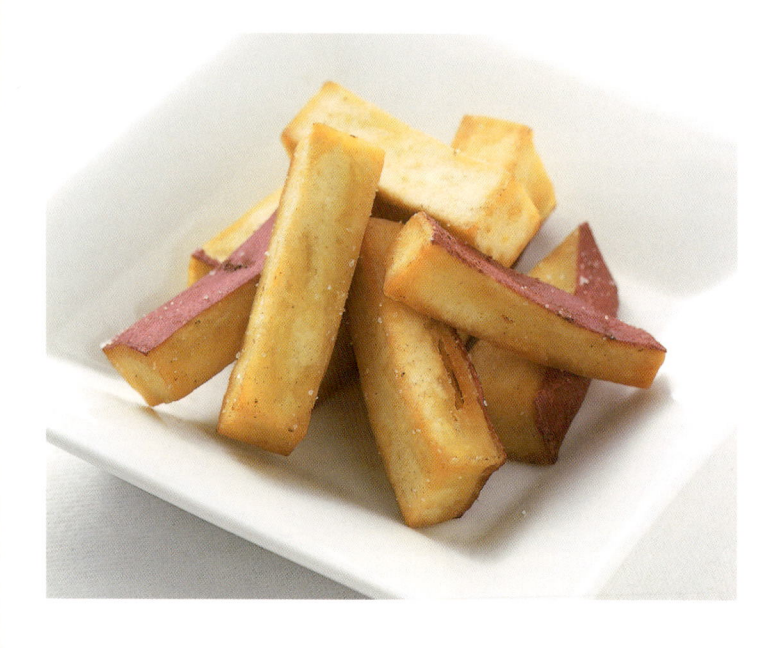

ほっこり揚げておなかも満足
さつまいもの素揚げ

材料
さつまいも…………4cm長さの半割り1個
揚げ油…………適量
塩…………少々

1 さつまいもは拍子木切りにして水にさらし、よく水けを取る。
2 150℃くらいの油に入れ、
少しずつ温度を上げながら、
きつね色になるまでカラリと揚げる。
バットに取り出してから塩をふる。

この2点を作る時は、さつまいもから揚げること。
なすの肉巻き天を揚げる時は、油の温度を
上げてから入れます。

なすの肉巻き天べんとう

- なすの肉巻き天
- さつまいもの素揚げ
- ひじき煮（作り方はP35）

主菜 肉巻きおかず

火の通りやすい薄切り肉はおべんとう作りに役立ちます。牛、豚のほかに、ハムなども使いやすく便利。巻くところまで前日の夜に準備しておいて、朝は焼くだけにしておくと手間がかかりません。形が崩れないように、肉の巻き終わりを先に焼き固めるのがコツです。

薄切り肉がボリュームのあるおかずに
キャベ巻き肉

材料
キャベツ…………1枚
牛薄切り肉…………2枚（50g）
サラダ油…………少々
塩、こしょう…………各適量

1 薄切り肉の上にキャベツをのせて巻く

キャベツは芯を除いてポリ袋に入れて、電子レンジに1分かける。
袋ごと冷水にとってさまし、水けをよく取る。
ラップを広げた上に肉を広げる。
2枚の肉の端を少し重ねるように置き、塩、こしょう各少々をふる。
肉にキャベツをのせて端から巻く。

2 肉の巻き終わりを下にして焼く

サラダ油をひいて熱したフライパンに、肉の巻き終わりが下になるようにして1を入れる。
転がしながら全体を焼き、軽く塩、こしょうをする。

3 ふたをして蒸し焼きにする

水大さじ2〜3を加えてふたをし、蒸し焼きにして中まで火を通す。
切り分けて、べんとう箱に詰める。

小さい子のおべんとうにはピックを刺せば食べやすい
肉巻きエッグ

材料
うずら卵（水煮）…………4個
豚ばら薄切り肉…………2枚
サラダ油…………少々
砂糖…………小さじ1
しょうゆ…………小さじ1弱

1 卵の水分をふいて豚肉をまわりに巻く。
巻き終わりは端にはさんで崩れないようにする。
2 フライパンにサラダ油を熱し、**1**を入れる。
転がしながら全体をよく焼く。
3 砂糖、しょうゆ、湯大さじ2を加え、
つやが出るまで中火で煮からめる。

ご飯にぴったり合う甘辛い味
きんぴらの豚肉巻き

材料
きんぴらごぼう（P34）…………約30g
豚ロース薄切り肉…………1枚
サラダ油…………小さじ1/2
砂糖、しょうゆ、みりん…………各小さじ1/2

1 まな板に豚肉を広げ、きんぴらを芯にして巻く。
2 サラダ油をひいて熱したフライパンに、
巻き終わりを下にして**1**を入れる。
転がしながら全体をよく焼く。
3 調味料と湯大さじ2を加え、
水分がなくなるまで煮からめる。

ふだんのおかずにはバターでも美味
かじきの生ハム巻き

材料
かじき…………1切れ
生ハム薄切り…………2枚
サラダ油…………小さじ1/2
塩、こしょう…………各少々
砂糖…………少々
湯…………大さじ2

1 かじきを4～5本の棒状に切る。
生ハムを適当な大きさに切り、かじきのまわりにそれぞれ巻く。
2 サラダ油を入れて熱したフライパンに、
生ハムの巻き終わりを下にして**1**を並べる。
3 弱火から中火でじっくりと焼き、
塩、こしょう、砂糖、湯を加えて煮からめる。

副菜　野菜の素揚げ・小さな炒めもの

ここに紹介する揚げものは、軽く塩をするだけで味が決まるものばかり。
これだけを作る時は、小さい鍋で作れば、揚げる時間も油も最小限ですみます。
冷蔵庫にいつもあるものでサッとできる小さな炒めものは、おべんとうのすきまうめに重宝(ちょうほう)！

さつまいも

里芋

にんじん

かぼちゃ

じゃがいも

れんこん

素揚げのポイント

1 食べやすい大きさに切る
小さくひと口サイズに切る。
厚みにして5mmから1cm程度。
おべんとうに詰めやすく、
短時間でサッと揚げられる。

2 揚げる
いもや根菜のような固いものは、
油が低温のうちに入れてしまう。
油もはねず、中までしっかり火が
通って失敗なし。
ほかの揚げものの前に
作ってしまうのがベスト。

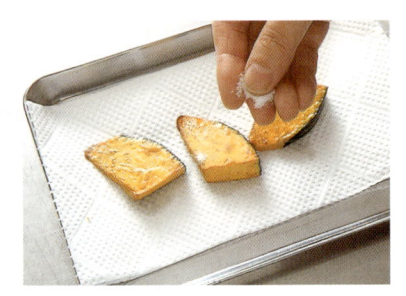

3 塩をふる
きつね色に揚がったら、
ペーパータオルの上にとって
油をきり、塩をふる。

煮汁をとばして味をしみ込ませます
いり煮こんにゃく

材料
白こんにゃく……… 1/5枚
酒、しょうゆ、みりん……… 各小さじ1弱

1 こんにゃくは手で食べやすい大きさにちぎるか、スプーンなどでかき取る。
2 1を中火にかけた鍋に入れてからいりする。
3 ひたひたの水を加えてから酒、しょうゆ、みりんを加え、中火で水分がなくなるまで煮る。

下ごしらえもあっという間
生しいたけソテー

材料
生しいたけ……… 3枚
サラダ油……… 小さじ1/2
バター……… 小さじ1/2
塩、こしょう……… 各少々

1 しいたけはかさの部分は4等分に、じくはそぎ切りにする。
2 フライパンにサラダ油を熱し、バターを加えてしいたけを入れ、塩をふって中火でしんなりするまで炒め、こしょうをふる。

包丁いらずで、すぐ火が通る
レタスと桜えびの炒めもの

材料
レタス……… 2枚
桜えび……… 大さじ1弱
サラダ油……… 小さじ1
塩、こしょう……… 各少々
湯……… 大さじ1

1 レタスはそれぞれ手で2〜3片にちぎる。
2 フライパンにサラダ油を熱し、レタスと桜えび、塩、こしょう、湯を加え、強火で手早く炒め合わせる。

おべんとう4

主菜 炒めもの ＋ 副菜 野菜のおかず

1品で野菜とたんぱく質がいっしょにとれる炒めものは、やはり頼りになるおかず。
ストロガノフのような煮込み風のおかずも缶詰のソースを使って炒め煮に。
ご飯とおかずは仕切りません。汁けのしみたご飯もまたおいしいの、とは子どもたち。

ほどよく水分をとばしておべんとう向きに
牛肉ストロガノフ風

材料
牛薄切り肉…………60g
玉ねぎ…………1/6個
マッシュルーム缶…………1/3缶
サラダ油…………小さじ1
ドミグラスソース（市販品）………大さじ1 1/2
トマトケチャップ………大さじ1
塩、こしょう………各少々
水…………大さじ2〜3

1 牛肉はひと口大に切り、サラダ油を熱したフライパンで、色が変わるまで炒める。
2 7mm幅に切った玉ねぎと、缶汁をきったマッシュルームを加えてサッと炒め合わせ、ドミグラスソース、ケチャップ、塩、こしょう、水を加え、水分がほとんどなくなるまで中火で炒め合わせる。

しっかり水けをしぼるのがポイント
コールスロー

材料
キャベツ…………2枚
玉ねぎ（みじん切り）…………大さじ1
にんじん…………少々
ハム薄切り…………1枚
冷凍コーン…………大さじ1
塩、こしょう…………各少々
マヨネーズ…………大さじ1

1 キャベツはあらみじん切り、にんじんはせん切りにする。玉ねぎと塩適量（材料表外）を加えてしんなりするまでもみ、しっかりと水けをしぼる。
2 ボウルに**1**、太めのせん切りにしたハム、水をかけて解凍し、水けをきったコーン、塩、こしょうを加え、マヨネーズであえる。

牛肉ストロガノフ風べんとう

- 牛肉ストロガノフ風
- コールスロー
- にんじんグラッセ（作り方はP32）

主菜 炒めもの

おべんとうに炒めものを入れる場合は、時間が経ってもベシャベシャにならず、味が変わらないことが条件。私が作るのは、酸味や甘みをきかせた炒めもの。市販のドレッシングやピクルスなどを使えば、誰でも難なく、味が決まります。

フランス料理でも使う相性のいいコンビ
豚肉とりんごの炒めもの

りんご 紅玉

材料
豚こま切れ肉…………60g
りんご（紅玉）…………1/8個
サラダ油…………小さじ1
塩…………少々
あらびき黒こしょう…………少々

1 りんごは芯と皮を除き、5mm厚さのいちょう切りにする。
2 フライパンにサラダ油を熱し、豚肉を入れて色が変わるまで炒める。
3 1と湯少々を加え塩、こしょうをして、水分がなくなるまで炒め合わせる。

イタリア生まれの酸味とご飯がマッチ
豚肉のバルサミコ炒め

材料
豚ロース薄切り肉…………2枚
玉ねぎ…………1/8個
ピーマン…………1/2個
サラダ油…………小さじ1
バルサミコ酢……小さじ2
塩…………小さじ1/4
砂糖…………小さじ1/4

バルサミコ酢

1 フライパンにサラダ油を熱し、豚肉を入れて色が変わるまで両面を焼く。
2 薄切りにした玉ねぎとピーマンを加える。しんなりしたら、バルサミコ酢、塩、砂糖を加えて炒め合わせる。

ピクルス液もムダなく使って
豚肉のピクルスソース

材料
豚ロース薄切り肉…………2枚(60g)
小麦粉…………小さじ½
ピクルス(市販品)…………大さじ2〜3
サラダ油…………小さじ1
ピクルス液…………大さじ2
塩、砂糖…………各少々

ピクルス

1 肉は軽く塩、こしょう(材料表外)をする。薄く小麦粉をつけ、余分は払い落とす。
2 サラダ油を熱したフライパンに肉を入れて、両面をしっかり焼く。
3 ピクルス液と塩、砂糖を加え、細切りにしたピクルスも加える。

甘酸っぱくてコクがある
鶏肉の ごまドレッシング炒め

材料
鶏むね肉…………60g
水菜…………1株
ごまドレッシング(市販品)……大さじ2
塩…………少々

ごまドレッシング

1 鶏むね肉は小さめのひと口大にそぎ切りにする。水菜は3cm長さに切る。
2 冷たいフライパンにごまドレッシングを入れて火にかけ、温まってきたら**1**の肉を加える。両面の色が変わり、火が通るまで中火で炒める。
3 水菜と塩少々を加え、サッと合わせる程度に炒める。

ソースひとつでうまみも加わる
牛肉とじゃがいもの オイスターソース炒め

材料
牛肉(焼き肉用)…………3枚(60g)
じゃがいも…………小1個
サラダ油…………小さじ1
オイスターソース…………小さじ1

オイスターソース

1 じゃがいもは皮をむいて、5mm角の棒状に切り、水にさらして水けをきる。牛肉は1cm幅に切る。
2 サラダ油を熱したフライパンにじゃがいもを入れ、表面が少しきつね色になったら牛肉を加えて炒める。
3 オイスターソースを加え、炒め合わせる。

おべんとうの中に、ひとつ甘い味のものがあると、なんだかほっとします。市販の甘く煮た豆を入れることもありますが、やっぱり自分で作ったもののほうが、おいしくて安心。しっかり味がついているので数日なら保存も可能です。

つけ合わせ
甘い味のおかず

芯までしっかりと甘く煮ます
さつまいものメイプル煮

材料（作りやすい分量・2〜3回分）
さつまいも…………小1本（100g）
塩…………少々
メイプルシロップ…………大さじ1½

1 さつまいもは乱切りにし、水にさらす。
2 鍋にさつまいもと、塩、メイプルシロップ、ひたひたの水を入れて、アルミホイルで落としぶたをして、中火にかける。煮立ったら弱火に落とし、さつまいもが柔らかくなるまで煮含める。

彩り(いろどり)になる洋風つけ合わせ
にんじんグラッセ

材料（作りやすい分量・2〜3回分）
にんじん…………小1本（160g）　砂糖…………大さじ1
バター…………大さじ1　　　　　塩…………小さじ⅓
（またはサラダ油※小さじ1）

1 にんじんは1cm幅の輪切りにする。
2 鍋ににんじんとひたひたの水、バター、砂糖、塩を加え、煮立ったらアルミホイルで落としぶたをし、中火で煮る。
3 水分が少なくなってきたらアルミホイルを取り、つやが出るように煮汁を全体にまわしながら煮からめる。
※バターを使うと固まってしまう冬の寒い時期はサラダ油で。

塩味とドライフルーツが絶妙
プラムベーコン

材料
ベーコン薄切り…………1枚
プラム…………2個
サラダ油…………少々

1 ベーコンは長さを½に切る。プラムの種を除き、ベーコンで巻いてようじでとめる。
2 サラダ油を熱したフライパンに1を入れ、転がしながら炒める。

鍋いらず、調味料いらずの手軽さ
かぼちゃのいとこあえ

材料
かぼちゃ…………1/16個（40g）
煮豆（または甘納豆・市販品）…………大さじ1強

1 かぼちゃは皮をところどころむき、1cm角のサイコロ状に切る。耐熱性のボウルに入れて、電子レンジに1分30秒かけ、そのまましばらくおいて余熱で火を通す。
2 1を煮豆であえる。

おべんとうノート ②
それぞれの好み

同じものを食べて育っても不思議と違う「好きなもの」

子どもの好みというのは、思いがけないほど小さな頃からはっきりしているもの。わが家を例に挙げれば、長女は辛いものが苦手なのに、次女と三女は大好き。いちばん下はキムチ大好き、まん中はのりがあれば満足、とそれぞれ自分なりの好みやこだわりを持っています。

当然、その好みに合わせて作り分けることまではできません。でも、詰め方をちょっと変えたり、好きなものを余分に入れたりと、ムリをしないでできる範囲のことはしてあげたい、と思っています。めいめいのリクエストに少しでも応えていくことで、おべんとうを通した会話ができるのではないかしら、と思っています。

面白いのは、娘たちがキャラクターのおべんとう箱には興味を示さないこと。「これがいちばんいい」とともに言うのは、密閉容器売り場に置いてあるような、ごくシンプルで実用的なもの。教科書といっしょに縦に入れても汁もれがしません。

そういうところは、いかに家事を合理的にするか、徹底的に追求する私の姿を見ていて、自然に身についたのかもしれませんね。

体重を気にする高校生の長女は、中学生のときよりサイズダウンして460mlのおべんとう箱（右）。中学生の次女は今が食べざかり。600mlのおべんとう箱（左）にはご飯もお茶わん2杯分（約240g）は入ってしまいます。ふりかけを「かけておく」のが好きな長女に対し、「袋をあけて自分でかける」のが好きな次女、と小さな好みの違いも。

保育園に通っていたころは、この小さなおむすび2個くらいしか食べられなかったですね。手では握れないから、ラップでまあるく作りました。

つけ合わせ 常備菜

日常的なおかずの中でも、しっかり味をつけた日持ちがするおかずは登場回数も多くなります。この4品は、1回分ずつアルミケースに小分けして、いくつか冷凍しておくと便利。そのまま詰めて、自然解凍で食べられます。

冷凍保存することも考えて材料を少し太めに切ります

きんぴらごぼう

材料（作りやすい分量）
- ごぼう……………1本
- にんじん…………8cm（100g）
- さやいんげん……10本
- ごま油……………大さじ1
- だし………………カップ1
- 砂糖………………大さじ1½
- 酒…………………大さじ1
- しょうゆ…………大さじ2
- みりん……………大さじ1

ひと口メモ
うちのきんぴらは少し太め。このほうが野菜の味が楽しめます。また、細いと、冷凍したものを解凍したときに、水分が抜けて繊維だけが残っておいしくありません。

1 材料の大きさをそろえて切る

ごぼうはななめ薄切りにし水にさらす。
にんじんもたてに4等分にし、
ごぼうと大きさをそろえてななめ薄切りにする。
いんげんはすじを取り、ななめに切る。

2 ごぼうとにんじんを炒める

ごま油を入れて熱した鍋に、
水をきったごぼうとにんじんを入れて、
しんなりするまで炒める。

3 調味料を入れて煮とばす

砂糖、酒、しょうゆ大さじ1、だしを加え、
全体を混ぜながら強火で5分ほど炒め煮にする。
全体に火が通ったら残りのしょうゆとみりんを加え、
水分がほとんどなくなるまで混ぜながら煮、
いんげんを加える。

海藻、豆、野菜が入ったバランスおかず。あっさり味に仕上げるのがわが家風

ひじき煮

材料(作りやすい分量)
ひじき…………50g
油揚げ…………1枚
水煮大豆………カップ½
にんじん………4cm(50g)
サラダ油………小さじ2
A ┌ だし…………カップ1
　├ 砂糖…………大さじ1½
　├ みりん………大さじ1
　├ 酒……………大さじ2
　└ しょうゆ……大さじ2

ひとロメモ
最近のひじきにはあまり砂はついてきませんが、それでも混じっていたらいやなので、ボウルからざるにザーッとあけることは避けます。

1 ひじきを水でもどす

ひじきは水に15分ほどひたしてもどす。手で持ち上げてざるに移すと砂が混じることがない。

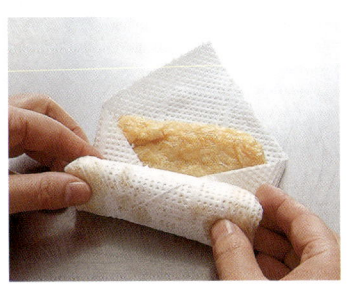

2 油揚げの油抜きをする

油揚げはペーパータオルで巻いて、電子レンジに1分かけて油抜きをして食べやすく切る。にんじんはせん切りにし、水煮大豆は水分をきっておく。

3 材料を順番に入れながら炒め煮にする

サラダ油を熱した鍋に、にんじんを入れて炒める。しんなりしたら、ひじき、油揚げを加え、サッと炒め合わせてAと大豆を加え、煮汁がほとんどなくなるまで全体を混ぜながら、中火で煮とばす。

しっかり洗って乾物くささを取るのがポイント。たっぷりのだしで煮含めます

切り干し大根

材料（作りやすい分量）
切り干し大根…………60g
ちくわ…………小2本
にんじん…………4cm（50g）
だし…………カップ1
砂糖…………大さじ1½
酒…………大さじ2
しょうゆ…………大さじ2

ひと口メモ
買って時間が経つと、乾燥が進んで切り干し大根の色が茶色く変色しますが、劣化したわけではありません。水を替えながら手でしっかりもみ洗いすれば、においといっしょに色も落ち、問題なく使えます。

1 切り干し大根を洗う

ボウルに水を張り、切り干し大根を入れて手でよくもむ。水が茶色くなって切り干し大根が白くなれば、乾物くささも取れる。

2 切り干し大根を湯でもどす

1の水を捨てて湯をまわしかける。あら熱が取れたら、水けをしぼって食べよい長さに切る。ちくわは薄い輪切り、にんじんはせん切りにする。

3 すべて鍋に入れて煮る

鍋に2をすべて入れ、だし、砂糖、酒を加えて10分煮る。しょうゆを加え、さらに5分ほど、水分がほとんどなくなるまで煮含める。

豆から蒸せばほっこり。素材の甘みを生かして砂糖は控えめに

五目豆

材料（作りやすい分量）
大豆（乾燥）……………カップ1
（水煮大豆を使用しても。
　その場合は約340g）
A ┤砂糖…………大さじ2
　　みりん………大さじ1
　　塩……………小さじ1/2
　　酒……………大さじ1
れんこん…………小1/2節（80g）
ごぼう……………1/3本
にんじん…………6cm（80g）
こんぶ……………5cm長さ
B ┤砂糖…………大さじ2
　　塩……………小さじ1/3
　　しょうゆ……大さじ1/2
　　みりん………大さじ1

ひと口メモ
圧力鍋で蒸した大豆のふっくら、ほっこりしたおいしさは格別。余裕があればこちらもぜひ挑戦してみてください。冷凍保存も可能。ひじき煮（P35）や野菜みそぼろ（P49）にも使えます。

1 大豆を蒸す

大豆はひと晩たっぷりの水につけてもどす（夏は8時間くらい、冬は10時間くらいが目安）。水を捨ててから圧力鍋で20分蒸し、自然に圧が下がるまで待つ。
圧力鍋がなければ、鍋に浸水させた大豆とかぶるくらいの水を入れて火にかけ、煮立ったら強めの中火にし、1〜2時間豆が柔らかくなるまで煮る。水煮大豆を使う場合、この手順は省ける。

2 野菜を煮る

れんこんはたて4等分に切って薄いいちょう切りにする。ごぼうは薄く輪切りにし、水にさらす。にんじんは薄いいちょう切り、こんぶは1cm角に切る。鍋に野菜全部とひたひたの水を入れてBを加え、10分ほど煮て、火が通ったら火を止める。

3 大豆を煮て、野菜と合わせる

鍋に大豆とひたひたの水を入れて火にかける。煮立ったらAを加え、静かに10分ほど煮たら、**2**を加え、ひと煮立ちさせる。

おべんとうノート ③
「手間なし」秘伝

私はとにかくムダが嫌い。水や電気、ガスはもちろんのこと、時間のムダ、動きのムダにもかなり厳しく、いつも「どうやったらムダが少ないか」については頭をめぐらせ、試行錯誤しています。

少しでも手間を減らす方法、よりおいしくなる作り方を考える。面白いのは、時間や手間を省くことは、水や電気の節約にもつながっていくことです。そんな発見が何よりも楽しいのです。

特に私はプロの料理研究家兼主婦。毎日さまざまな方法を考えては実際の生活の中で試す、のくりかえしです。便利でカンタンでも、おいしくなければ意味がありません。夫や子どもという批評家たちの、厳しい意見も参考になります。そんな中から厳選したアイディアが、皆さんのお役に立てば、何よりもうれしいのです。

まとめてやること

料理の手間を省くために、まず有効なのは、なんでも「まとめてやること」。下ごしらえやまとめ作りがその代表です。もちろん、料理のたびに手間をかけるのと、同じレベルのおいしさであることが条件。わかめのアイディアは、塩蔵わかめを水でもどして水けがついたまま使うのがいやで、たどり着いた方法です。

❶塩蔵わかめをゆでてもどし、盆ざるに広げてさましてから、食べやすく切って保存します。チルド室に入れておけば1週間くらい大丈夫です。
❷プチトマトは買ってきたらパックごとまとめて洗ってしまい、そのままパックで保存。使うときにいちいち洗うのは手間も水ももったいないと思うのです。
❸塩鮭のあらやたらこは、グリルにめいっぱい並べて焼き、ほぐしてびんに詰めます。多いときには冷凍。

うちの冷凍庫には

冷凍保存するのは、まとめて作らないとムダが多く、なおかつ冷凍しても味が落ちないもの。たとえばゆで野菜でも、ほうれんそうはOKですが、繊維が残る小松菜は冷凍しません。しいたけやかんぴょう、油揚げなど濃いめの味つけのものも冷凍におすすめ。作っておけば、すし飯の用意をするだけで、五目ずしやおいなりさんがすぐにできあがります。

しいたけ煮
1回に干ししいたけ7枚くらいをもどし、しょうゆ、みりん各大さじ4、砂糖60gに、水カップ2を加えた煮汁で、かんぴょう30gもいっしょに煮含めます。

薄焼き卵
卵は薄く焼いて広げたラップの上にのせ、くるくると巻いて冷凍庫へ。少し残った卵液でもでき、彩りが欲しい時に重宝します。

ゆでほうれんそう
根元を落とさずに¼〜⅓わずつに分けてラップで包み、フリーザーバッグに入れて冷凍。解凍はラップごと流水にさらします。

時間節約アイディア

作りはじめてから30分後には、子どもたちが持って出られる状態にする、というのが私のおべんとう作りの基準。その範囲内で、ムリなくできることをしてあげたい、と思っています。ですから時間短縮は大きな課題。少しでもラクしておいしいおべんとうを持たせたい、というのは、私だけじゃなく、おべんとうを作るすべての人の思いですよね。

❶めんをおべんとうにする場合、具を切っている間に、袋入りのゆでめんの袋の口をあけ、電子レンジで1分間加熱します。フライパンに入れた時にほぐれやすくなります。

❷干ししいたけは、時間をかけてもどすのがベスト。前の晩にびんに入れて、水を注いで冷蔵庫へ。このままの状態で冷蔵庫で1週間はもちます。いつでも使えるのがうれしいですね。

❸かいわれ大根は根元のスポンジを持ってお湯にくぐらせるようにして、ゆでてしまいます。

道具を活用

特殊な道具を使うわけではありませんが、少量の調理に便利なものは活用しています。大きな道具は場所ふさぎで洗うのも大変。取りまわしのラクな「小さな道具」が、スピードアップの秘訣です。

❶野菜の炒めものや卵焼きに活躍するのが直径16cm程度の小さなフライパン。特に卵焼きは、このサイズだからこそ上手に作れるのです。好みの油を入れて使うオイルスプレー「MISTO」は、油を薄くまんべんなくひけるので重宝しています。

❷小さなターナーとまな板は100円ショップで購入。軽くて扱いやすく、汚れたらサッと洗えるのもいいところ。

❸ご飯ははしで隅まで均等に詰めます。はし先を軽くぬらせば、くっつくこともありません。水の中でふり洗いすれば汚れも落ちるので、そのままおかずも詰められます。

かんぴょうの煮しめ
塩をふって水でもみ洗いしてから柔らかくなるまでゆで、右ページのしいたけといっしょに煮ます。長さをのりの幅に合わせて切り、ラップに包んで冷凍。

おいなりさんの揚げ
油揚げ5枚を2つに切って開き、油抜きをして、すべて大さじで、砂糖4、しょうゆ3、酒2、みりん1に水カップ1を加えたもので煮含めます。

おべんとうノート ④ 便利な保存食

安全、安心の手作り保存食はおべんとうにもぴったり

実は私は、保存食作りが大好き。ここでご紹介するほかにも、大根を干してたくあんを作ったり、魚を干して干物を作ったりと、しょっちゅう何かを手作りしています。旬のおいしさを凝縮するプロセスが好きなのかもしれません。保存性を高めるために味を濃くしたり、酢漬けにしたりしておくわけですから、おべんとうにもぴったりです。何より自分で作ったものですから安全、安心。保存には気をつけますが、たいていは心配する間もなくおいしく食べきってしまいます。

紅しょうが

うちの母が漬けていた方法にならって、新しょうがを梅酢に漬けておきます。市販のものよりも酸味が強く、味も香りも強いのが特徴です。刻んでおむすびに混ぜ込んだり（P60）、卵焼きに入れたり（P19）と活躍。

みそ

大豆を蒸すところから手作りするみそは、うちの自慢の品。家族がみそ味が好きなのも、この手作りみそだからこそ、かも。何といってもご飯に合う味、おべんとうのおかずにみそ味が増えるのも、やっぱり納得ですよね。

梅干し

昔ながらの作り方で漬けた梅干しは、ペースト状にして、魚や鶏肉などに塗って焼けば味つけいらず(P17)。おむすびの定番「梅おかか」(P59)は、小さなびんに詰められる分くらいを、まとめて作っておきます。

カリカリ小梅

梅干し作りよりひと足早く、青小梅が出ると作ります。塩をしておくだけで青小梅、水が上がってきたら赤じそをもんだものと合わせて赤小梅のできあがり。おべんとうをいたみにくくするために、特に夏場に活躍。

きゅうりのピクルス

きゅうりはひと箱まるごとピクルスに。煮立てた塩水で下漬けをし、酢、水、砂糖にこしょう、にんにく、唐辛子、しょうがを合わせたピクルス液に漬け込みます。冷蔵庫で1年はカリカリした状態で保存できます。

ピーナッツみそ

鍋にみそ、砂糖各100g、酒大さじ2を入れて中火にかけて練り合わせ、火をとめてからポリ袋に入れてたたいて砕いたピーナッツ120gを混ぜ合わせるだけ。甘辛い味が、ご飯の友に好評です。

ひと皿メニューも人気!

基本的にはご飯＋おかずのおべんとうが中心ですが、ときどき子どもたちからリクエストがあるのが、おべんとう箱一面に、めんやご飯が詰まったいわば「ひと皿べんとう」。作るほうとしても、肉も野菜もいっぺんに入れられてラク。そのかわり、思いきり具だくさんにして、うちで作るおべんとうならではの部分を大切にします。

おべんとう5

**大人も子どもも大好きな
鮮やかな卵色とトマト色**

オムライスべんとう

材料

- ベーコン薄切り………… 1½枚
- ピーマン………… ½個
- 玉ねぎ………… ¼個
- マッシュルーム缶………… ½缶（20g）
- ご飯………… 茶わん1½杯分（200g）
- トマトケチャップ………… 大さじ1½
- 塩………… 小さじ⅓＋少々
- こしょう………… 少々
- 卵………… 1個
- サラダ油………… 小さじ2＋少々

1 ベーコンは1cm幅に切り、ピーマン、玉ねぎはせん切りにする。マッシュルームは缶汁をきっておく。

2 耐熱性のボウルにご飯を入れて電子レンジに1分かけて温める。その上に、分量の塩、こしょう、ケチャップをのせておく。

3 フライパンにサラダ油小さじ2を熱し、**1**を入れて炒める。

4 2を加えて、ほぐしながらよく炒め、味を全体にまんべんなくまわす。さましてべんとう箱に詰める。

5 小さなフライパンに薄くサラダ油をひいて熱し、溶きほぐして塩少々を加えた卵を流し入れる。裏返して両面からしっかりと火を通して、薄く焼き上げる。

6 4のご飯の上にケチャップ（材料表外）をしぼり出してから、**5**の薄焼き卵をかぶせる。

ひと口メモ

ご飯を炒める前に調味料を全部のせてしまってから火にかけ、フライパンの中でまんべんなく混ぜます。おべんとうの場合は卵は半熟にせず、しっかり表裏を焼きます。

おべんとう箱のふたにケチャップがつくのがいやなので、ご飯にケチャップをかけた上から卵をかぶせます。

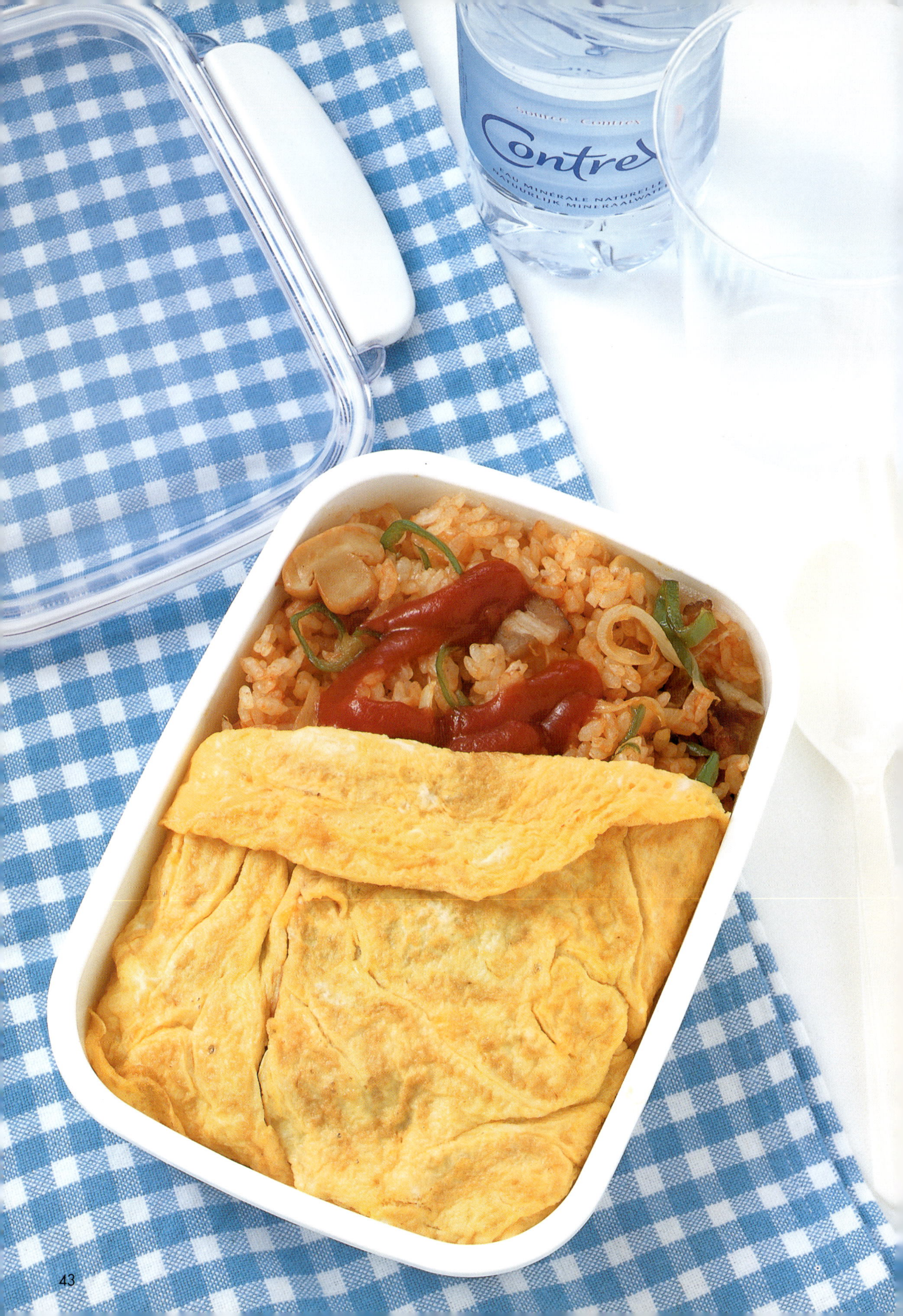

おべんとう6

**キャベツは芯までざくざく切って
「うちのおべんとう」らしく**

焼きそばべんとう

材料
ゆで中華めん…………1玉
豚こま切れ肉…………60g
キャベツ…………大1枚
にんじん（3cm長さをたて1/3に割ったもの）
　…………1片
サラダ油…………小さじ2
塩…………小さじ1/3
こしょう…………少々
中濃ソース…………大さじ1 1/2
オイスターソース…………小さじ1
紅しょうが…………少々

1 中華めんは袋の口を少しあけて、
袋ごと電子レンジに入れ、1分加熱する。
2 キャベツはざく切り、
にんじんはせん切りにする。
3 フライパンにサラダ油を熱し、
肉を入れて色が変わるまで炒める。
4 にんじん、キャベツ、塩、
こしょうを加えて炒める。
キャベツがしんなりしてきたら、
1の中華めんを加える。
5 4に中濃ソースと
オイスターソースを加えて
全体にまわしながら炒め合わせる。
さましてからべんとう箱に詰め、
紅しょうがを添える。

ひとロメモ
中濃ソースにオイスターソースを加えて、
コクのある味に仕上げます。

おべんとう7

ごま油ひとふりで
さめても食べやすく、香りよく
焼きうどんべんとう

材料
ゆでうどん…………1玉
豚こま切れ肉…………50g
キャベツ…………大1枚
にんじん（3cm長さをたて1/4に割ったもの）
　…………1片
ピーマン…………1/4個
玉ねぎ…………1/16個
生しいたけ…………1枚
サラダ油…………小さじ1
塩…………小さじ1/3
しょうゆ…………小さじ1
ごま油…………小さじ1
青のり…………少々

1 うどんは袋の口を少しあけて、
袋ごと電子レンジに入れ、1分加熱する。
2 キャベツは太めのせん切り、
にんじん、ピーマンは1cm幅の短冊切り、
玉ねぎ、しいたけはせん切りにする。
3 フライパンにサラダ油を熱し、豚肉を入れる。
色が変わるまで炒めたところで**2**の野菜と
しいたけ、塩を入れ、しんなりするまで炒める。
4 うどんを加え、しょうゆ、ごま油を
入れて炒め合わせる。
5 さましてからべんとう箱に詰め、青のりをふる。

ひと口メモ
焼きそば、焼きうどんどちらの場合も、ゆでめん
を袋ごと電子レンジにかけると（P39）、炒める時
に、はしでほぐしやすくなります。

筑前煮

材料（作りやすい分量・約4人分）

鶏もも肉…………1枚（200g）
干ししいたけ…………3〜4枚
こんにゃく…………1/3枚
にんじん…………8cm（100g）
たけのこ（水煮）……2cm（80g）
れんこん…小1/2節弱（70g）
ごぼう…………1/2本
サラダ油…………小さじ2
しょうゆ…………大さじ2強

A｜だし…………カップ1 1/4
　｜砂糖…………大さじ2
　｜酒…………大さじ1
　｜みりん…………大さじ1

1 鶏肉はひと口大に切る。
干ししいたけは水でもどしてひと口大に切る。
にんじん、たけのこはひと口大の乱切りに、こんにゃくは手でちぎる。
れんこんは1cm厚さ、ごぼうは長めの乱切りにして
それぞれ水にさらし、水けをきる。
2 サラダ油を熱した鍋に**1**の鶏肉を入れ、こげ目がつくまで炒める。
ボウルに取り出し、しょうゆ大さじ1をかける。
3 2の鍋を洗わずに、**1**のしいたけ以外の野菜とこんにゃくを加えて
サッと炒める。Aとしいたけを加えて、アルミホイルで落としぶたをし、
野菜が柔らかくなるまで中火で15分ほど煮る。
4 2の鶏肉と残りのしょうゆを加え、さらに5分ほど煮る。

おべんとう8

旬の素材の炊き込みご飯は
ふたをあけたときがうれしい

いもご飯べんとう

いもご飯

材料（作りやすい分量・約3人分）

さつまいも…………1本（150g）
米…………米カップ2
ごま塩…………適量

1 米は炊く30分前に洗って水につけておく。
通常のご飯を炊く要領で、米と水を仕掛ける。
2 さつまいもは1cmの角切りにし、
水にさらしてからざるにあけて水をきる。
3 2を**1**の炊飯器に入れ、通常のご飯の要領で炊く。
4 炊き上がったら軽く混ぜほぐし、
さましてからべんとう箱に詰め、ごま塩をふる。

ひと口メモ
きのこや豆など、旬の素材の炊き込みご飯は、ときどき作ってあげたいもの。こういう時はおかずも1品で充分。炊飯器で炊けますから、意外に手間なしのメニューです。筑前煮はこんにゃくを除けば冷凍保存も可能。

おべんとう9

まとめて作って冷凍可能。
食べる分だけ電子レンジで蒸し直します

ちまきべんとう

春雨中華サラダ

材料
春雨‥‥‥‥‥30g
きくらげ‥‥‥‥2枚
ピーマン‥‥‥‥1/4個
にんじん‥‥‥‥少々
サニーレタス‥‥‥‥1枚

A ┌ 酢‥‥‥‥‥小さじ2
　├ 塩‥‥‥‥‥小さじ1/3
　├ しょうゆ‥‥‥‥小さじ1
　└ ごま油‥‥‥‥小さじ1

1 春雨は熱湯をかけてもどし、水で洗う。
よく水けを取り、食べよい大きさに切る。
2 きくらげは水でもどしてせん切りにする。
ピーマン、にんじんもせん切りにし、
サニーレタスはちぎって**1**と混ぜ合わせる。
3 合わせたAをかける。またはドレッシングボトル
に入れて持っていってもよい。

ちまき

材料（12個分）
もち米‥‥‥‥‥カップ3
豚ばら薄切り肉‥‥‥‥100g
たけのこ（水煮）‥‥‥3cm（100g）
干ししいたけ‥‥‥‥4枚
ラード‥‥‥‥大さじ2
うずら卵（水煮）‥‥‥‥12個

A ┌ 砂糖‥‥‥‥大さじ1
　├ スープ‥‥‥‥カップ1 1/2
　├ しょうゆ‥‥‥‥大さじ2
　└ 酒‥‥‥‥‥大さじ1

1 もち米は洗ってひと晩水につけ、ざるに上げて水をきる。
2 干ししいたけは水でもどし1cm角に切る。
豚肉、たけのこも同様に1cm角に切る。
3 中華鍋にラードを熱し、
肉、たけのこ、しいたけを炒め、もち米を加える。
4 もち米に脂がまわったら、ボウルでよく混ぜ合わせておいたAを加え、
水分がなくなるまで混ぜながら煮る。
5 1辺15cmくらいに切ったクッキングシートを12枚用意する。
4を12等分し、それぞれクッキングシートの上にのせ、中央に
うずら卵を入れて包む。ほどけないように両端をしっかりとねじる。
6 5が温かいうちに4個ずつ電子レンジに入れ、
それぞれ2分30秒ずつ加熱する。

ひと口メモ
12個を一度に作ってしまいたいときは
お湯を張った蒸し器に入れて、約20分
蒸してできあがり。余ったちまきは冷
凍しておきます。ご飯のないときに、電
子レンジで4～5分加熱してもどし、さ
ましておべんとうに詰めます。

おべんとう 10

**1品でも具はたっぷり。
うちのヒットサンドウィッチです**

オムレツサンドべんとう

ひと口メモ
どうしても朝時間のないときは、これを前日の夜に作って冷凍しておき、持たせます。朝持っていって、お昼にちょうどよい具合に自然解凍されます。「それでも味が変わらない」と子どもたちの保証つき。

材料
食パン（8枚切り）………2枚
トマトケチャップ………適量
ベーコン 薄切り………1枚
玉ねぎ………1/4個
ピーマン………1/2個
マッシュルーム（スライス缶詰）………20g
塩、こしょう………各少々
卵………1個
サラダ油………小さじ1＋少々

1 ベーコンは1cm幅に切る。
玉ねぎ、ピーマンはせん切りにする。
2 半量のサラダ油を熱したフライパンに、1と
水けをきったマッシュルームを入れて、
しんなりするまで炒め、塩、こしょうをする。
3 ボウルに卵を割りほぐし、2を入れて
混ぜ合わせる。小さなフライパンに
残りのサラダ油をひいて熱し、流し入れる。
4 はしで大きく混ぜ、半熟になったら
フライパンの片側に寄せて、
上下を返して中までしっかりと焼く。
5 食パンはトーストし、
それぞれ片面にケチャップを塗る。
ケチャップを塗った面を内側にして4をはさみ、
バットなどをのせて、形をととのえる。
6 食べよい大きさに切る。
切ってからアルミホイルで包んで冷凍してもよい。

フルーツ
りんご、キウイ、オレンジなどを彩りよく入れる。

おべんとうノート ⑤ そぼろぽろぽろ

最初の経験から、そぼろは「ご飯にはさむ」が鉄則に。実際に食べる子どもたちからも「はしでもこぼさずに食べられる」との折り紙つき。

野菜みそそぼろは冷蔵庫で1週間くらいの保存が可能。小分けにして冷凍もOKです。もっとも、うちではすぐに食べてしまうのですが。

最初で最大の失敗から学んだことは「がんばらない」

私の最初のおべんとう作りには、少し苦い思い出があります。

長女が保育園に通っていた時のこと。ふだんは給食があったのですが、遠足か何かの行事の時に、いよいよ「子どものおべんとう」を作る機会が訪れました。初めてなので、気合充分。凝りに凝った動物の細工ずしを作って持たせました。

この遠足の後、保育園の先生から伺ったのが「ぽろぽろこぼしてしまって、どうしてもうまく食べられなかったんですよ」とのお話。がんばっただけに悲しかった思い出です。

その体験から心に誓ったのが「がんばるのはやめよう」ということ。子どもが食べなれているもの、家で食べてもおいしいものを作ることをいちばんに考えるようになりました。

わが家の人気の常備菜に「野菜みそそぼろ」があります。おべんとうに入れることもありますが、ご飯の上にはのせず、必ず間にはさみます。見た目は寂しいかもしれませんが、食べる時に中から出てくるのも楽しいではありませんか。何より食べやすいと好評です。

野菜みそそぼろべんとう

● 野菜みそそぼろ
- 豚ひき肉……100g
- 干しいたけ……4枚
- たけのこ(水煮)……3cm(100g)
- にんじん……8cm(100g)
- 水煮大豆(だいず)……カップ¾
- サラダ油……小さじ2
- A
  - 砂糖……大さじ2
  - みそ……大さじ1½
  - 水……150ml
  - 酒……大さじ2
  - しょうゆ……小さじ1

1 しいたけは水でもどして1cmの角切りに、たけのこ、にんじんはあらみじんに切る。
2 フライパンにサラダ油を熱し、ひき肉をパラパラになるまで炒める。
3 2にしいたけとたけのこ、にんじんを加え炒め合わせる。火が通ったらAと大豆を加え、中火で煮汁がほとんどなくなるまで煮とばす。

● かぼちゃの茶巾
- かぼちゃ……1かけ(約30g)
- 甘納豆……3粒

かぼちゃをラップで包んで、電子レンジに50秒かける。少しさましてラップの上からギュッと握って丸い形を作り、甘納豆を飾る。

- ● えびのごま焼き (作り方はP8)
- ● しめじ (オーブントースターで焼く)
- ● ブロッコリー (ゆでる)
- ● しば漬け

を適宜(てきぎ)詰め合わせる。

活躍！オーブントースター

私のおべんとう作りに、オーブントースターはなくてはならない存在。いくつかの素材を同時に焼くこともできます。忙しい朝、火だねはひとつでも多いほうがうれしいもの。おかずのうち1品はオーブントースターにまかせましょう。

薄切り肉なら火が通るのも早い
豚肉のピザ焼き

トースターおかず

材料
- 豚薄切り肉……………3枚（75g）
- ピザソース（市販品）…………大さじ1強
- 粉チーズ…………大さじ1

1 オーブントースターのトレイに、フッ素樹脂コートのアルミホイル※を敷き、肉を並べる。
2 ピザソースを塗り、粉チーズをふってオーブントースターに入れ、肉に火が通り表面がきつね色になるまで、約5分焼く。

※ない場合はアルミホイルに薄くサラダ油を塗る。

調味料いらずのカンタン蒸しもの
青梗菜と鮭のレンジ蒸し

材料
- 青梗菜(チンゲンツァイ)…………小1株（70g）
- 甘塩鮭…………1/2切れ（40g）

1 青梗菜は葉を1枚ずつはがして洗い、2cm長さに切る。
2 耐熱性のボウルに、青梗菜と皮と骨を取った鮭を入れ、ラップをして電子レンジで2分加熱する。
3 そのまま1〜2分蒸らし、鮭の身をほぐしながらあえる。

こっくりした味を添えて
豆のマヨネーズごまサラダ

材料
- ミックスビーンズ…………50g（1袋）
- 練りごま…………小さじ1/2
- マヨネーズ…………小さじ1

ボウルに練りごまとマヨネーズを合わせ、豆をあえる。
味が足りないようなら、塩少々（材料表外）を加える。

おべんとう 11

オーブントースターと電子レンジを使って
スピーディに作る

豚肉のピザ焼きべんとう

- 豚肉のピザ焼き
- 青梗菜と鮭のレンジ蒸し
- 豆のマヨネーズごまサラダ

おべんとう 12

マヨネーズ、バター、生クリームのまろやかな味。
ご飯に合う、洋食おかずの取り合わせ

プチトマトとブロッコリーの
マヨネーズグラタンべんとう

- プチトマトとブロッコリーのマヨネーズグラタン
- 揚げないコロッケ
- えびのオーロラソース

下ごしらえなし、かけて焼くだけ

プチトマトとブロッコリーのマヨネーズグラタン

（トースターおかず）

材料
プチトマト………2個　　牛乳………小さじ1
ブロッコリー………2〜3房　塩、こしょう………各少々
マヨネーズ………大さじ1

1 プチトマトはたて4等分に切る。ブロッコリーは電子レンジにかけるか、湯でゆでておく。
2 アルミケース（焼き菓子用がしっかりしていてよい）に、ブロッコリーとプチトマトを入れる。
3 2の上から、マヨネーズ、塩、こしょう、牛乳を合わせたものをかけ、オーブントースターできつね色になるまで6〜7分焼く。

コロッケのたねに炒めたパン粉をまぶした

揚げないコロッケ

材料
じゃがいも…………1/2個（あるいは小1個）
にんじん…………1cm（12g）
玉ねぎ（みじん切り）…………大さじ1
ハム薄切り…………1枚
塩、こしょう…………各適量
パン粉…………大さじ1
バター…………小さじ1（またはサラダ油小さじ1/2）

1 じゃがいもは皮をむき、小さめに切って、にんじんといっしょに、ひたひたの水で柔らかくなるまでゆでる。
2 湯をきり、じゃがいもとにんじんをフォークでつぶす。
3 玉ねぎ、みじん切りにしたハム、塩、こしょうを加えて混ぜ、2個のボール状にする。
4 フライパンにバターを入れて熱し、パン粉をきつね色になるまで炒めて、3のまわりにまぶす。

小さなコーヒー用のクリームでも充分

えびのオーロラソース

材料
えび…………3尾
サラダ油…………少々
トマトケチャップ…………大さじ1弱
生クリーム…………大さじ1弱

1 えびは殻をむき、厚みを半分に切って開き、背わたを取る。
2 フライパンにサラダ油を熱し、えびを入れて色が変わるまで炒める。
3 2にケチャップと生クリーム、水大さじ1弱を加えて煮からめる。

おべんとう 13

食べやすくつまめるおかずは、子どもが大好き。
彩りも考えて、肉と野菜をいっしょに焼きます

ささ身とアスパラの串焼きべんとう

- ささ身とアスパラの串焼き
- うずらとカリフラワーのカレー味
- じゃがいもの甘辛煮

味は塩、こしょうだけでシンプルに

トースターおかず

ささ身とアスパラの串焼き

材料
ささ身…………1本(35g)
グリーンアスパラガス…………2〜3本
塩、こしょう…………各少々

1 ささ身はすじを取り、たて半分に切ってから、長さを3等分に切る。
2 アスパラは、ささ身の長さに合わせて切りそろえ、つまようじにアスパラ、ささ身、アスパラ、ささ身の順に刺したものを3本作る。
3 オーブントースターのトレイに、フッ素樹脂コートのアルミホイル※を敷く。**2**を並べて塩、こしょうをふり、オーブントースターで6〜7分焼く。
※ない場合はアルミホイルに薄くサラダ油を塗る。

色も香りも食欲をそそります

うずらとカリフラワーのカレー味

材料
うずら卵(水煮)…………2個
カリフラワー…………3房
すし酢(市販品)…………大さじ2
塩…………少々
カレー粉…………小さじ1

1 カリフラワーは小房に分け、電子レンジにかけるか、塩をひとつまみ(材料表外)入れた湯で、固めにゆでる。
2 カリフラワーが温かいうちに、すし酢、塩、カレー粉をふり、うずら卵を加えて、しばらく(できればひと晩)おく。
ポリ袋を使えば、つけ汁が少なくてもきれいにできる。

うずらの卵だけをカレー味にするときは、かぶるくらいの湯にカレー粉を溶かし、卵を入れてひと晩おく。

ひとつ入っていると安心できる味

じゃがいもの甘辛煮

材料
じゃがいも…………1個
砂糖…………大さじ1弱
しょうゆ…………大さじ1弱

1 じゃがいもは皮をむき、1cmの角切りにして水にさらす。
2 ひたひたの水を加えて、柔らかくなるまでゆでる。
3 湯を半分捨てて、砂糖、しょうゆを加え、いもが粉を吹くまで煮とばす。

わが家自慢のトースターおかず

2種類が同時に焼けるトースターならでは
えびとしめじのオリーブ油焼き

材料
- えび…………2尾
- しめじ…………1/3パック
- オリーブ油…………少々
- 塩、こしょう…………各少々

1 えびは殻をむいて、背わたを取る。しめじは根元を除いてほぐす。
2 オーブントースターのトレイに、フッ素樹脂コートのアルミホイルを敷いて、えびとしめじをのせる。オリーブ油をまわしかけ、塩、こしょうをふって7〜8分焼く。

ヨーグルト入りのマイルドな味
かじきタンドリー

材料
- かじき…………1切れ（80g）
- ヨーグルト…………大さじ1
- カレー粉…………小さじ1/2
- 塩…………小さじ1/4

1 かじきはひと口大に切る。ポリ袋に、ヨーグルト、カレー粉、塩とともに入れ、10分ほど（またはひと晩）おく。
2 オーブントースターのトレイに、フッ素樹脂コートのアルミホイルを敷いて、1を並べ、オーブントースターで7〜8分焼く。

白身魚なら何でも。フライパンでも作れます
魚のゆず焼き

材料
- さわら…………1切れ（80g）
- ゆず薄切り…………1枚
- しょうゆ…………小さじ1
- みりん…………小さじ1/2

1 さわらはポリ袋にゆず、しょうゆ、みりんとともに入れ、10分ほど（またはひと晩）おく。
2 オーブントースターのトレイに、フッ素樹脂コートのアルミホイルを敷いて、1をのせ、オーブントースターで7〜8分焼く。

トースター調理の便利グッズ

フッ素樹脂コートのアルミホイル

ピザやお餅を焼いてもくっつかない、焼きもの調理用のアルミホイル。油をひいたアルミホイルで代用できますが、朝の忙しい時には威力を発揮。

くりかえし使えるオーブンシート

パンやクッキー用のガラス繊維のシート。表面の汚れをふき取るだけで何度でもくりかえし使えます。天パンに合わせて切っておくと便利。

おべんとうノート ⑥

いたまないための工夫

みんなの元気を支えるためだから、衛生に気を使います

おべんとうを作るときに、忘れてはならない条件は「持ち運んで、作ってから4〜5時間してから食べる」ということ。特に夏場はいたみやすいので、気をつけて作ります。

朝、キッチンに立って最初にするのは、ご飯をさますこと。炊飯器から炊きたてのご飯を、浅くて広いざるにとって広げ、日かげになっているベランダに出してしまいます。こうして水蒸気をとばし、おべんとう箱の中が湿気でいっぱいになるのを防ぎます。おかずもさめにくいものから作っていき、詰める時に全部がさめている状態にします。

ご飯に何かを混ぜると、雑菌まで入ってしまうように思うので、彩りが欲しい時も、あえてのせるくらいにしておきます。

菌の繁殖を防ぐためには、余計な水分や温度がこもらないことが大切！ もちろんまな板やふきんが清潔であること、調理の前に手をきっちり洗うことは大前提です。

おべんとうを作りはじめる時に、とにかくまず、ご飯をさます！ 詰める時に、ふたに水蒸気がつかなくなるくらいまでさめていればOK。

生の野菜を洗ったら、キッチンペーパーで水けをよくふき取ります。単純なことですが、少しでも水けが少ないほうが、いたみにくいんです。

なるべく雑菌が入ることを避けたいので、基本的にご飯に何かを混ぜるということはしません。ご飯の上に「のっける」程度にとどめます。

枝豆ご飯べんとう

● 枝豆ご飯
冷凍枝豆（むいて）………大さじ1
ご飯………適量
塩………少々

1 枝豆は水をかけて解凍し、さやと薄皮をむく。
2 べんとう箱にご飯を詰めて枝豆を散らし、塩をふる。

● 玉ねぎ入り牛しぐれ煮
牛薄切り肉………60g
玉ねぎ………1/4個
しょうが薄切り………2枚
砂糖………小さじ1弱
しょうゆ………大さじ1/2
酒………大さじ1
みりん………大さじ1/2

1 砂糖、しょうゆ、酒、みりん、しょうがのせん切りを鍋で煮立てる。
2 1に肉をほぐしながら加え、太めのせん切りの玉ねぎを加える。
3 よく混ぜながら汁けがほとんどなくなるまで煮る。

● たらこにんじん
にんじん………2.5cm(30g)
たらこ………大さじ1/2
酒………小さじ1
ごま油………小さじ1

1 にんじんはせん切りにする。
2 たらこは薄皮を取ってほぐし、酒を混ぜておく。
3 小さなフライパンにごま油を熱しにんじんを炒め、しんなりしたら2を加えパラパラになるまで炒める。

● 卵焼き（プレーン・作り方はP18）

おむすび大好き

「手と手を使って心を結ぶのが"おむすび"と聞いて以来、私は「おむすび」という呼び方にこだわっています。
おむすびは、ご飯を手で食べやすい形にしただけのもの。それだけでおいしく感じられてしまうのが不思議です。
みんなが同じように作っても形や大きさに個性が出ます。
そんなところから、作る人の気持ちが伝わるのかもしれませんね。
「おいしく、たくさん食べてほしい」そんな気持ちを込めて、むすんでいるつもり。

うちのおむすびの中身はごくオーソドックス。ここに紹介した中身は、ある程度まとめて作って保存しておくのですが、家族みんながすぐにご飯のおともに食べてしまうので、1週間ともちません。

人気のおむすび

鮭

鮭が甘塩の時は、鮭の切り身をポリ袋に入れ、塩を加えて1～2日おく。熱した焼き網にのせてこんがりと焼き、皮、骨を取り除いて大きめにほぐす。小さなびんに詰めて保存し、多いときは冷凍する。

牛つくだ煮

牛すね肉…400g
にんにく…3かけ
しょうが…1かけ
しょうゆ…カップ¼
酒…カップ½

1 牛すね肉は2cm角に切り、たっぷりの湯でサッとゆでる。
2 鍋に肉、半分に割って芽を除いたにんにく、みじん切りのしょうが、しょうゆ、酒を入れ、かぶるくらいの水を加えて火にかける。煮立ったら弱火で1時間、煮汁が⅓量になるまで煮る。フォークで肉をほぐし、保存びんに入れて冷蔵庫で保存する。

こんがりチーズとご飯が合う
チーズおむすび

材料
粉チーズ…………大さじ2
おむすび（丸形）…………2個

1 温めたフッ素樹脂加工のフライパンに、大さじ½ずつの粉チーズを、2ヵ所にふり広げる。
2 チーズが溶けてきたらおむすびをのせ、こんがりと焼く。
3 フライパンのあいているところに残りのチーズを半量ずつふり広げ、2を裏返してのせ、こんがりと焼く。

甘辛味で焼きつけた
肉巻きおむすび

材料
牛薄切り肉…………2枚
砂糖…………小さじ1
しょうゆ…………小さじ1
おむすび（俵形）…………2個
サラダ油…………少々

1 俵形にむすんだおむすびに肉を巻きつける。
2 小さなフライパンにサラダ油を熱し、肉の巻き終わりを下にして、おむすびを並べる。
3 転がしながら肉を焼き、砂糖、しょうゆ、水大さじ1を加えて煮からめる。

市販のたらこは焼いてから1cm厚さに切りそろえ、多いときはびんに入れて冷凍庫で保存する。鮭といっしょにまとめて焼くと便利。
たらこ

梅おかか
梅干し50gの種を取って刻む。かつお節大さじ2½を乾いた鍋に入れ、中火でからいりし、手でもんで細かくする。粉節があればそれを使ってもよい。しょうゆ小さじ1を加え、全部をよく混ぜ合わせる。

ツナそぼろ
ツナ缶…小1缶(70g)
砂糖…大さじ1
しょうゆ…小さじ2
鍋にツナを缶汁ごと入れて火にかけ、砂糖、しょうゆを加え、水分がほとんどなくなるまでいり煮にする。

おべんとうノート ⑦ 思い出のおむすび

紅しょうがおむすび

これは私の母の味。母はなぜか三角のおむすびがむすべなくて、いつもこんな丸い形でした。大きさもちょっと大きめです。自宅で漬けた色の濃い紅しょうが（P40）を刻んでご飯にまぶしただけなのですが、梅酢の酸味とさわやかなしょうがの味がきいていて、これがいくらでも食べられちゃう。

同じ味を私も娘たちに伝えたくて、ときどき作ります。のりをしっかり全体に巻いて、切り目を入れて中をちょっと見せてあげるときれい。これはやっぱり、母と同じようにころんと丸い形じゃないと、と思うんですよね。そこが「おふくろの味」たるところでしょうか。

ご飯100gに対し、紅しょうがのみじん切り小さじ2弱を混ぜ合わせ、手に水をつけて丸くむすぶ。のり1/4枚を巻き、乾いたふきんに包んでなじませて、十字に切り込みを入れる。

とんカツおむすび

次女が小学生のとき、野球チームに入っていました。その監督さんの命令が「おべんとうはおむすびだけ！　おかずは入れちゃダメ！」。理由を聞けば、お母さんたちに負担をかけないように、とのこと。でも、おむすびって意外に手がかかるものなんですよ……。

しかし、そのルールは面白い。栄養的にはバランスがいいとはいえませんが、週に1度、1食だけのこと、と考えれば、前後で充分フォローできる範囲ですよね。

その分、私燃えました。ルールの中で、何ができるか。いろんなものを入れましたが、いちばんウケたのがこれだったんです。

手を水で濡らし、塩をつけてご飯を軽くまとめる。1.5cm幅に切ったとんカツの端をソースにつけて、ご飯の中央に置いて包むようにむすび、のりを巻く。

白おむすび

料理を作って、そのおいしさのわけやコツを皆さまにご紹介するのが私の仕事。そうなると、おべんとうを広げるときに、子どもの運動会で、おべんとうを広げるときに、「脇さんちのおべんとうはどんなの?」という目を感じることも多少はあります。気合が入りすぎてるのも恥ずかしいし、「なあんだ」と思われるのもがっかりです。そこである年踏み切ったのが、名づけて「フェイントべんとう」。

ふたをあけたら、ご飯だけの白いおむすび! 具は中に入れずに、おかずとして持っていって、食べるときにのりで巻いて食べるようにしました。ご覧になった方はびっくりしたんじゃないかしら?

手に水と多めの塩をつけ、ご飯を手に取り、外はしっかり、内側はふんわりと、心を込めて三角形にむすぶ。

ぺったんご飯

次女が保育園のときには、全然「ご飯」を食べてくれず、なんとかたくさん食べさせたくて工夫しました。「ぺったんご飯」は、全形ののりを4分の1に切ったものを、さらに4分の1に。その上半分に、ごく薄くご飯をのせてはさんだだけですが、こうすると少しは食べてくれてうれしかったですね。

このおむすびは、娘の成長とともに進化し、今ではご飯のしっかり詰まった「ぺったんおむすび」として登場します。具入りも人気。おかげで(?)次女は、今やのり大好き少女。何もおかずがないときも「ご飯の間にのりとおかかをはさんでくれればいいよ」と言ってくれます。

ご飯をのりではさんで軽く押したのが、「ぺったんおむすび」。私はハワイみやげの「スパムおむすび」用の型を使っています。

ぺったんおむすびのまん中に、しょうゆでからめたおかかとちりめんじゃこをはさんでアレンジ。

とんカツがあれば、時には豪華版ぺったんおむすびも。

● **野菜＋肉・魚**

うずらとカリフラワーのカレー味……………54
青梗菜と鮭のレンジ蒸し………………50
ひと口ロールキャベツ……………………20
野菜みそそぼろ……………………………49

常備菜・まとめて作っておくと便利なおかず

梅おかか（おむすびの具）………………59
牛つくだ煮（おむすびの具）……………58
切り干し大根………………………………36
きんぴらごぼう……………………………34
五目豆………………………………………37
鮭（おむすびの具）………………………58
さつまいものメイプル煮…………………32
たらこ（おむすびの具）…………………59
筑前煮………………………………………46
ツナそぼろ（おむすびの具）……………59
にんじんグラッセ…………………………32
ピーナッツみそ……………………………41
ひじき煮……………………………………35
野菜みそそぼろ……………………………49

ご飯、パン

いもご飯……………………………………46
梅おかか（おむすび）……………………59
枝豆ご飯……………………………………57
オムライス…………………………………42
オムレツサンド……………………………48
牛つくだ煮（おむすび）…………………58
鮭（おむすび）……………………………58
白おむすび…………………………………61
たらこ（おむすび）………………………59
チーズおむすび……………………………59
ちまき………………………………………47
ツナそぼろ（おむすび）…………………59
とんかつおむすび…………………………60
肉巻きおむすび……………………………59
春雨中華サラダ……………………………47
ぺったんご飯………………………………61
紅しょうがおむすび………………………60

焼きうどん…………………………………45
焼きそば……………………………………44

フリージングにおすすめ

オムレツサンド……………………………48
切り干し大根………………………………36
きんぴらごぼう……………………………34
五目豆………………………………………37
筑前煮………………………………………46
ちまき………………………………………47
ひじき煮……………………………………35

電子レンジを使って作る

かぼちゃのいとこあえ……………………32
かぼちゃの茶巾……………………………49
ちまき………………………………………47
青梗菜と鮭のレンジ蒸し…………………50

オーブントースターを使って作る

厚揚げのみそ焼き…………………………17
えびとしめじのオリーブ油焼き…………56
えびのごま焼き……………………………8
かじきタンドリー…………………………56
魚のゆず焼き………………………………56
ささ身とアスパラの串焼き………………55
ささ身のアーモンド焼き…………………9
ささ身の梅焼き……………………………17
さばのごま焼き……………………………6
さわらの湯葉焼き…………………………9
鶏のみそ焼き………………………………14
豚肉のピザ焼き……………………………50
豚のコーンフレーク焼き…………………9
プチトマトとブロッコリーのマヨネーズグラタン……52

index さくいん

主菜になるおかず

● 肉
キャベ巻き肉 …………………………………24
牛肉ストロガノフ風 …………………………28
牛肉とじゃがいものオイスターソース炒め ……31
きんぴらの豚肉巻き …………………………25
ささ身とアスパラの串焼き …………………54
ささ身のアーモンド焼き ……………………9
ささ身の梅焼き ………………………………17
玉ねぎ入り牛しぐれ煮 ………………………57
鶏肉のごまドレッシング炒め ………………31
鶏のみそ焼き …………………………………14
なすの肉巻き天 ………………………………22
肉巻きエッグ …………………………………25
豚肉とりんごの炒めもの ……………………30
豚肉のバルサミコ炒め ………………………30
豚肉のピクルスソース ………………………31
豚肉のピザ焼き ………………………………50
豚のコーンフレーク焼き ……………………9
ふわふわ鶏だんご ……………………………20

● 魚介
いわしのかば焼き ……………………………16
えびとしめじのオリーブ油焼き ……………56
えびのオーロラソース ………………………52
えびのごま焼き …………………………8、49
かじきタンドリー ……………………………56
かじきの生ハム巻き …………………………25
魚のゆず焼き …………………………………56
刺身のしそ焼き ………………………………16
さばのごま焼き ………………………………6
さわらの湯葉焼き ……………………………9

● 豆腐
厚揚げのみそ焼き ……………………………17

副菜・彩りになるおかず

● 野菜中心
揚げないコロッケ ……………………………52
アスパラのごまあえ …………………………11
炒めなすのおかかあえ ………………………13
いり煮こんにゃく ……………………………27
オクラのわかめあえ …………………………13
かいわれ大根ののりあえ ……………………11
かぼちゃのいとこあえ ………………………32
かぼちゃの茶巾 ………………………………49
かぼちゃ（野菜の素揚げ） …………………26
きぬさやのピリ辛あえ ………………………12
キャベツの甘酢あえ …………………………11
コールスロー …………………………………28
ごぼうのマヨみそあえ ………………………13
小松菜のなめたけあえ ………………………11
さつまいものメイプル煮 ……………………32
さつまいも（野菜の素揚げ） ……………22、26
里芋ののりのつくだ煮あえ …………………12
里芋（野菜の素揚げ） ………………………26
さやいんげんの練りごまあえ ………………12
じゃがいもの青のりあえ ……………………12
じゃがいもの甘辛煮 …………………………54
じゃがいも（野菜の素揚げ） ………………26
春菊のピーナッツバターあえ ………………11
たらこにんじん ………………………………57
筑前煮 …………………………………………46
青梗菜のふりかけあえ ………………………11
なすのねぎみそ炒め …………………………20
生しいたけソテー ……………………………27
にらのナムルあえ ……………………………11
にんじんグラッセ ……………………………32
にんじん（野菜の素揚げ） …………………26
プチトマトとブロッコリーのマヨネーズグラタン ……52
プラムベーコン ………………………………32
ほうれんそうのとろろこんぶあえ …………11
ほうれんそうののりあえ ……………………6
レタスと桜えびの炒めもの …………………27
れんこんのゆかりあえ ………………………13
れんこん（野菜の素揚げ） …………………26

● 卵・豆
卵焼き …………………………………………18
炒めきのこ　桜えび　高菜　ちりめんじゃこ(14)
ツナ　ねぎおかか　ひじき　プレーン(57)
紅しょうが　わかめ
豆のマヨネーズごまサラダ …………………50

毎日のおべんとう作りは子育てのようだと思います。迷い、悩みはつきものです。髪を振り乱して子どもを追いかけまわし、イライラしている自分にイライラして、「もう、どうにかなっちゃう！」と思った日々。過ぎてしまえば、みんな楽しかった思い出です。肩の力を抜いて、小さな箱の愛の工夫にドキドキしましょ。少々こげた卵焼きだって真心は伝わります。たかがべんとう、されどべんとうです。だいじな人のおべんとうを作らせてもらっていると思えたら、おべんとう作りが百倍楽しくなりますよ。

脇 雅世 (わき まさよ)

フランス料理家。1977年渡仏。ル・コルドン・ブルー パリ校で学び、トゥール・ダルジャンなどで研修。
1980年より11年間、マツダ・レーシングチームの料理長として、フランスの「24時間耐久レース　ル・マン」に参加。
現在、服部栄養専門学校国際部ディレクター、明治記念館飲食アドバイザーを務めるほか、
NHK「きょうの料理」などのテレビ、雑誌で活躍中。自宅でフランス料理教室(FAX03-3235-0914)を主宰。
家庭では3人姉妹の母。著書に
『30分でだいじょうぶ　うちのファミリー・フレンチ』『じつは、和食好き』(文化出版局)、
『大好き！　チョコレートのお菓子』(大泉書店)、『フランス仕込みの節約生活術128』(集英社be文庫)などがある。

毎日 ムリなく 手早く おべんとう
―脇流カンタン法則―

2004年2月15日　第1刷発行
2006年12月22日　第3刷発行

著　者　脇 雅世
発行者　野間佐和子
発行所　株式会社講談社
〒112-8001　東京都文京区音羽2-12-21
編集部　☎03-5395-3527
販売部　☎03-5395-3625
業務部　☎03-5395-3615
印刷所　凸版印刷株式会社
製本所　凸版印刷株式会社

落丁本・乱丁本は購入書店名を明記のうえ、小社業務部宛にお送りください。
送料小社負担にてお取り替えいたします。
なお、この本についてのお問い合わせは、生活文化第一出版部宛にお願いいたします。
本書の無断複写(コピー)は著作権法上での例外を除き、禁じられています。

ISBN4-06-271623-2
定価はカバーに表示してあります。
©Masayo Waki 2004 Printed in Japan

アートディレクション・デザイン●池上和子
撮影●井上孝明
スタイリング●青野康子
料理助手●吉野信子
協力●(株)トワ・スール
編集●近藤聖子

. . .